Verführung nach *Rezept*

Impressum

© 2013 arsEdition GmbH, München
Alle Rechte vorbehalten

Text: Marcus Reckewitz
Gestaltung Innenteil: Angelika Schön

Zitate aus Casanova-Kapitel: Giacomo Casanova,
Erinnerungen, Bd. 6, übersetzt von Heinrich Conrad

Bildnachweis:
Cover
Maurice Leloir (1853 – 1940), Tête à Tête. Artothek

Innenteil
S. 6/7: picture-alliance / Mary Evans Picture Library; S. 8/9: picture-alliance / Mary Evans Picture Library, picture-alliance / akg-images; S. 10/11: picture-alliance / akg-images, picture-alliance / Mary Evans Picture Library; S. 12/13: picture-alliance / Mary Evans Picture Library, picture-alliance / Mary Evans Picture Library; S. 14/15: picture-alliance / akg-images; S. 16/17: picture-alliance / United Archives/TopFoto, picture-alliance / United Archives/TopFoto, picture-alliance / United Archives/TopFoto; S. 18/19: picture-alliance / United Archives/TopFoto, picture-alliance / akg-images; S. 20/21: picture-alliance / Mary Evans/Malcolm Greensmith Co, picture-alliance / maxppp; S. 22/23: picture-alliance / akg-images, picture-alliance / akg-images / Joseph Martin; S. 24/25: picture-alliance / maxppp, picture-alliance / akg-images, picture-alliance / Bildagentur-online/Saurer, picture-alliance / akg-images; S. 26/27: picture-alliance / akg-images; S. 28/29: picture-alliance / akg-images, picture-alliance / Quagga Illustrations; S. 30/31: picture-alliance / akg-images; S. 32/33: www.zeno.org, picture-alliance / akg-images; S. 34/35: picture-alliance / United Archives/TopFoto; S. 36/37: picture-alliance / akg-images; S. 38/39: picture-alliance / akg-images; S. 40/41 picture-alliance / akg-images; S. 42/43: picture-alliance/Mary Evans Picture Library; S. 44/45: picture-alliance / akg-images; S. 46/47: picture-alliance / Mary Evans Picture Library; S. 48/49: picture-alliance / United Archives/DEA PICTURE LIBRARY, picture-alliance / akg-images; S. 50/51: picture-alliance / akg-images; S. 52/53: picture-alliance / akg-images, picture-alliance / akg-images, picture-alliance / Rainer Hackenberg; S. 54/55: picture-alliance / akg-images, picture-alliance / Mary Evans Picture Library; S. 56/57: picture-alliance / akg-images, picture-alliance / akg-images; S. 58/59: www.zeno.org, picture-alliance / akg-images; S. 60/61: picture-alliance / IMAGNO/Fuchs Archiv; S. 62/63: picture-alliance / akg-images; S. 64/65: picture-alliance / IMAGNO/Austrian Archives (AA), picture-alliance / IMAGNO/Austrian Archvies; S. 66/67: picture-alliance / akg-images / Erich Lessing; picture-alliance / Mary Evans Picture Library; S. 68/69: picture-alliance / IMAGNO/Austrian Archives (AA); S. 70/71: picture-alliance; S. 74/75: picture-alliance / United Archives, picture-alliance / Prisma Archivo; S. 76/77: picture-alliance / maxppp; S. 78/79: picture-alliance / Mary Evans Picture Library, picture-alliance / akg-images; S. 80/81: picture-alliance / akg-images, picture-alliance / Mary Evans Picture Library; S. 82/83: picture-alliance / akg-images; S. 86/87: picture-alliance / Mary Evans Picture Library; S. 88/89: picture-alliance / Everett Collection; S. 90/91: picture-alliance / Mary Evans Picture Library; S. 92/93: picture-alliance / United Archives/TopFoto, picture-alliance / Everett Collection; S. 94/95: picture-alliance / maxppp ©Delius/Leemage; S. 96/97: picture-alliance / akg-images; S. 98/99: picture-alliance / akg-images, picture-alliance / Yvan Travert / akg-images; S. 102/103: picture-alliance / UPI, picture-alliance / dpa; S. 104/105: picture-alliance / maxppp; S. 106/107: picture-alliance / dpa; S. 108/109: picture-alliance / AFP, picture-alliance / United Archives/TopFoto, picture-alliance / dpa; S. 111: picture-alliance / United Archives/TopFoto

In einigen Fällen war es nicht möglich, für den Abdruck der Bilder die Rechteinhaber zu ermitteln. Honoraransprüche der Künstler, Verlage und ihrer Rechteinhaber bleiben erhalten.

ISBN 978-3-7607-8972-9
Printed by Tien Wah Press

www.arsedition.de

Verführung nach *Rezept*

Berühmte Liebespaare und ihre Rezepte

Inhalt

Zur Einstimmung

Dass ein gelungenes kulinarisches Intermezzo in Angelegenheiten des Herzens und der Erotik eine durchaus anregende Wirkung haben kann, wer wüsste das nicht? Dass ein Glas Champagner die erotische Sinnenfreude erheblich (wieder)beleben kann, wer wollte das bestreiten? Denn es gehört zu den menschlichen Binsenweisheiten, dass die Liebe und das Begehren auch am Gaumen und auf der Zunge beflügelt werden – sei es bei der Eroberung des begehrten Objektes, sei es bei dem Bemühen, die Eroberung zu halten, oder einfach als Ausdruck erotischer Verzauberung. Und dies gilt nicht zuletzt auch für die Mächtigen, für berühmte Helden und die großen Künstler. Da werden Mätressen zu fantasievollen Genies an Topf und Herd, da werden Könige und tapfere Haudegen, Maler, Musiker und ihre Musen im Hochgefühl emotionaler Höhenflüge zu sinnenfrohen Connaisseuren oder gar zu geistreichen Urhebern lukullischer Neuschöpfungen.

Manch eine dieser Affären und großen Liebesabenteuer hat bis heute Spuren in der Geschichte der Kulinarik hinterlassen – berühmte und weniger berühmte Spuren. Einige der reizvollsten dieser Liebesbeziehungen und deren kulinarische Vorlieben werden Sie im Folgenden kennenlernen. Ebenso wie die Rezepte, die seinerzeit eine nicht unwesentliche Rolle spielten. Viel Spaß beim Lesen – und (Nach-)Kochen! Welche Folgen es in Ihrem Fall auch immer haben mag ...

Marcus Reckewitz

Verführung mit Champagner, 1908

7

Lord Nelson, Lithografie
von Antoine Maurin, 1834

Lady Hamilton
und Lord Nelson

EINE LIEBE JENSEITS ALLER KONVENTIONEN

Lady Emma Hamilton als Bacchantin

Admiral Nelson und
Emma Hamilton, Holzstich
nach Paul D. Philippoteaux, 1865

Es war eines der berühmtesten Liebespaare des 19. Jahrhunderts. Was zweifelsfrei daran lag, dass beide mit einem außergewöhnlichen Talent und mit außerordentlichen Fähigkeiten ausgestattet waren. Einsame Glanzleistungen vollbrachten sie, jeder auf seinem „Spielfeld". Man kannte und verehrte sie dafür in ganz Europa. Und wenn solche Berühmtheiten aufeinandertreffen und in heftige erotische Turbulenzen geraten, macht das die Runde auf dem Parkett des gesellschaftlichen Tratsches – da rauscht der Blätterwald.

Er war ein Kriegsheld, einer der populärsten Männer Englands, wenn nicht gar der Welt. Er hieß Horatio Nelson (1758–1805) und war unter Segeln im Auftrag Seiner britischen Majestät unterwegs. Von selbiger hatte er die Lizenz zum Schiffeversenken. Und das beherrschte er wie kaum ein anderer.

Wie sehr er sein Handwerk verstand, stellte er allerdings erst in den letzten zehn Jahren seines Lebens unter Beweis, als Kommandeur und Admiral in den weltberühmten Seeschlachten von Abukir und Trafalgar – zum Ruhme Großbritanniens und seiner selbst. Zuvor hatte er in mehreren relativ unspektakulären Missionen vor der Küste Südamerikas, in indischen Gewässern, in der Ostsee und vor allem in der Karibik wichtige seemännische Erfahrungen sammeln können. Unter anderem die, wie erbärmlich ein Seemannsleben sein kann, wenn man bei Betreten eines Schiffes schlagartig und grundsätzlich von der Seekrankheit befallen wird und grüngesichtig über der Reling hängt.

Was Nelson in dieser Zeit ebenfalls kennenlernte, war die für Seemänner typische, vitaminmangelbedingte Krankheit Skorbut. Und seine Frau, die junge, gebildete und sensible Witwe Frances „Fanny" Nisbet, die er mit siebenundzwanzig Jahren auf der Karibik-Insel Nevis ehelichte. Nach Ablauf seiner letzten Karibikmission quittierte Nelson seinen Job bei der Marine und ließ sich 1787 mit seiner Frau im Pfarrhaus von Burnham Thorpe in ländlicher Idylle nieder. Hier lernte er nach all den Jahren des Verzichts, nach Malaria, Gelbfieber und Skorbut die leichte Küche seiner Frau schätzen. Fanny wusste offenkundig die sorgsam gezogenen Früchte des eigenen Gartens in vortrefflicher Manier zuzubereiten. Der Garten der Ehe hingegen trug keine Früchte. Die beiden blieben kinderlos.

Und bald war auch klar: Ein Seeheld taugt nicht zum Landei.

Nelsons Geburtshaus, Burnham Thorpe, Norfolk

Mit der Beschaulichkeit des Landlebens war es dann auch bald vorbei. Das Vaterland rief nämlich zu den Waffen. Es ging gegen das revolutionäre Frankreich, das den Briten 1793 den Krieg erklärt hatte. Die Zeit der Koalitionskriege hatte begonnen, die Zeit der wechselnden europäischen Koalitionen, mit denen man militärisch zu verhindern gedachte, dass der revolutionäre Virus Frankreichs das restliche Europa befiel. Später kämpfte man gegen den größten Revoluzzer, gegen Napoleon und seinen immensen Eroberungsdurst.

Also setzte Nelson seine Fanny auf den Komposthaufen im Garten von Burnham Thorpe und übernahm das Kommando über die nagelneue *HMS Agamemnon*, ein imposantes Schlachtschiff mit vierundsechzig Kanonen. Mit seinem neuen Spielzeug beteiligte er sich als Erstes an der Blockade Toulons, des wichtigsten französischen

Veranstaltung des schottischen Quacksalbers James Graham, 1785. Scharen von Zuschauern liefen ihm zu, seit er erklärt hatte, das Geheimnis zu kennen, wie man 150 Jahre alt wird.

Hafens, der dann schließlich auch eingenommen wurde. Sein Flottenkommandeur schickte ihn daraufhin nach Italien, in das befreundete Königreich Neapel, um dort für Truppenverstärkung zu sorgen. Und wahrlich, das war ein schicksalhafter Befehl – jedenfalls für Nelson. Denn hier in Neapel stolperte er förmlich in jene amouröse Verstrickung, über die sich ganz Europa noch das Maul zerreißen sollte. Hier, in Neapel, traf er *sie*!

Sie war Lady Hamilton, die Gattin des britischen Botschafters am Hof des Königspaares von Neapel, Sir William Hamilton. Lady Hamilton verkehrte hier in Neapel in den besten, ja königlichen Kreisen. Sie wurde für ihre Anmut, für ihre Bildung und ihre künstlerischen Talente weit über die Grenzen der Stadt hinaus bewundert. Ihr Weg hierher, an die Spitze der gesellschaftlichen Anerkennung, war bei ihrer Geburt keineswegs absehbar gewesen. Im Gegenteil: Zu Beginn sprach alles für ein Leben in armseliger Bedeutungslosigkeit.

Geboren als Emma Lyon und Tochter eines Dorfschmiedes in Chester, verdient sich das junge Mädchen nach dem frühen Tod des Vaters als Kohlenhändlerin seinen Unterhalt. Es folgen Stellen als Kindermädchen, dann als Dienstmädchen in London. Da ist Emma vierzehn. Einer ihrer Arbeitgeber ist Theaterdirektor – und natürlich will sie Schauspielerin werden. Und natürlich wird daraus nichts. Stattdessen landet sie als Zofe in einem Edelpuff. Auch die nächste Station deutet eher auf eine gesellschaftliche Kellerfahrt hin: Als Tänzerin findet sie Anstellung im „Tempel des Hymen" – einem Etablissement, in dem der schottische Sex-Therapeut James Graham seinen Patienten Linderung von Impotenz und Kinderlosigkeit verspricht.

Mit elektrischen Sonderbehandlungen, allerlei hypnotischem Firlefanz und schwer parfümierten Duftwolken über „himmlischen Betten“, in denen sich die impotenten Patienten in sexuellen Rausch wühlen sollen, verheißt der Erotologe das Ende aller Hängepartien. Die größte Attraktion jedoch ist die „Göttin Hygieia“ mit ihren schleiertanzenden Gehilfinnen, von denen sich eine als besonderes Talent erweist: Emma aus Chester.

Und nichts ist so schlecht, als dass ihm nicht doch auch etwas Gutes innewohnt. Schnell lernt Emma nämlich auf meisterliche Weise ihren jungen, glatten und nur mit Gazeschleiern bedeckten Körper in antikische Posen zu werfen. So tänzelt sie den Patienten vom Potenzdoktor was vor, bis diesen vor Freude wieder Leben in die Lenden schießt. Und es war nicht zuletzt eben diese zur Meisterschaft weiterentwickelte Fertigkeit, solche pantomimischen „Attitüden“ aufführen zu können, die ihr späterhin europaweit zu Ruhm und gesellschaftlicher Anerkennung verhelfen sollte.

Zunächst jedoch wird die Sechzehnjährige von einem Sir aus Sussex erobert. Sie gibt sich ihm hin, zieht auf sein Landgut, wo er sie vorführt wie ein Tanzmariechen.

Bis er ihrer schließlich müde wird. Da wirft er sie raus, der Sir aus Sussex. Zumal sie auch noch schwanger von ihm ist.

Lady Hamilton bei der Aufführung von „Attitüden“ in griechischen Gewändern

Rettung verspricht ein weiterer Sir, ein ehemaliger Verehrer. Der nimmt sich ihrer an, was sie ihm mit Zurückhaltung und Gefolgschaft dankt, was aber auch nicht darüber hinwegtrösten kann, dass der gute Mann restlos pleite ist. Diesen Umstand jedoch gedenkt er durch eine Erbschaft zu ändern. Sein Onkel nämlich, Sir William Hamilton, Botschafter in Neapel, ist wohlhabend. Allerdings ist er auch noch am Leben.

Um sich als Universalerbe zu empfehlen, bittet der mittellose Neffe seinen reichen Onkel zu sich, um ihn gewinnbringend zu bewirten. Und der reiche Erbonkel ist tatsächlich hingerissen. Von allem. Vor allem aber von der blutjungen Emma. Und so kommt dem mittellosen Neffen eine naheliegende Idee: Warum nicht die Mätresse, quasi als Erbpfand, dem reichen Onkel überlassen?

Emma ist nicht sonderlich euphorisiert von diesem Plan, ist der Botschafter doch schlappe fünfunddreißig Jahre älter als sie. Aber schnell realisiert sie auch die Perspektiven, die sich mit alten reichen Männern eröffnen, und verspricht dem Neffen, dass sie seinen Onkel auch „ein bisschen gern" haben wird. An ihrem einundzwanzigsten Geburtstag trifft sie in Neapel ein, wo sie schlussendlich den britischen Botschafter auch heiratet.

Sir Hamilton erkennt ihre Talente, lässt sie in Konversation, in mehreren Sprachen, in Tanz und Gesang, auch am Cembalo ausbilden. Mit vollem Erfolg. Lady Hamilton begeistert die Gesellschaft. Und das nicht zuletzt mit ihren „Attitüden": Als Ariadne, Niobe oder Iphigenie verzaubert sie die Gäste des Hauses. Sie zählt die Königin von Neapel zu ihren Freundinnen, sie bekommt Angebote von Opernhäusern, der Zar lässt sich ein Porträt von ihr anfertigen, der deutsche Dichterfürst Goethe zeigt sich hingerissen von ihren erotischen Tänzeleien in griechischem Gewand. Mehrere berühmte Maler fertigen Hunderte von Porträts von ihr an: Lady Hamilton betend, Lady Hamilton als Bacchantin, Lady Hamilton als Circe ...

Kein Wunder also, dass diese bezaubernde Person den schüchternen Seehelden bei ihrer ersten Zusammenkunft 1793 tief beeindruckt. Doch nach dem ersten Zusammentreffen muss Nelson allzu schnell Neapel wieder verlassen – neuen Abenteuern entgegen. Und so sollte es noch ganze fünf Jahre dauern, bis ihre Leidenschaft füreinander voll entbrennen konnte. Dazu bedurfte es zunächst einer Schlacht. Und zwar einer entscheidenden.

Seeschlacht bei Abukir am 1. August 1798. Lord Nelson
beobachtet den Untergang des französischen Admiralsschiffes
L'Orient. Lithografie von Johann Nepomuk Geiger, 1860

Es war die Schlacht bei Abukir. Nach spektakulären Siegen über die Franzosen hatte man Nelson 1798 das Oberkommando der britischen Flotte im Mittelmeer übertragen. Im gleichen Jahr noch bedankte er sich dafür mit einem fulminanten Angriff auf dreizehn französische Kriegsschiffe vor Abukir bei Alexandria. Die sollten den Nachschub der sogenannten „ägyptischen Expedition" von Napoleon sicherstellen. Der kleine Korse gedachte mit der Eroberung Ägyptens England vom Seeweg nach Indien abzuschneiden. Indien war aber nun mal das Sahnestückchen des Britischen Empires. Ein gar teuflischer Plan war das also. Nelson machte ihn zunichte – gründlich. Nur zwei französische Schiffe konnten entkommen, der Rest war in die Luft geflogen – mitsamt Besatzung, versteht sich.

Mit dem Sieg über Napoleon hatte sich Nelson in den Marine-Olymp geschossen. Jetzt war er ein vergötterter Held. Vergöttert, aber leider auch ziemlich zerschunden. Sir William Hamilton ließ es sich nicht nehmen, den Kriegshelden persönlich zur Erholung von den Strapazen des Gefechts nach Neapel einzuladen. Seine Frau werde sich des „Helden vom Nil" annehmen.

Was sie auch tat. Hingebungsvoll, mit Eselsmilch und „Attitüden". An Grazie hatte sie in den vergangenen fünf Jahren mit zunehmender Körperfülle einiges eingebüßt – das tanzende Reh war zum Moppel mutiert. Nelson selbst allerdings war auch kein Strahlemann mehr. Bei all dem Schiffeversenken der vergangenen Jahre hatte er einen Arm und das rechte Augenlicht verloren, er war ausgemergelt, litt unter Kopfschmerzen und Hustenattacken – mit anderen Worten: Eine echte Traumbesetzung für eine ganz große Romanze hatte sich da eingefunden.

Lord Nelsons legendäres
Schiff *Victory*

Alle Konventionen sprengend, beide waren ja noch verheiratet, ließen sie sich aber auf eben diese Romanze ein. Zu seinem vierzigsten Geburtstag organisierte sie ihm zu Ehren in Neapel ein gigantisches Fest mit 1800 geladenen Gästen. Und es dauerte nicht allzu lange, da trug die Romanze mit einer unübersehbaren Schwangerschaft auch leibliche Früchte. Das alles vollzog sich unter den Augen von Sir Hamilton! Ob es der gegenseitige Respekt der beiden Männer war, ob es die Bewunderung des alten Botschafters für den Kriegshelden, Dummheit oder die Liebe zur gleichen Frau war – der Eklat blieb aus.

Im Gegenteil, als französische Truppen Neapel einnehmen, fliehen die drei gemeinsam in die englische Heimat. Hier bringt Lady Hamilton eine gesunde Tochter zur Welt, die der leibliche Vater ganz unbescheiden „Horatia" tauft.

1803 stirbt Sir Hamilton. Doch Nelson und seiner großen Liebe bleibt nicht mehr viel Zeit. Nur einige Monate können sie gemeinsam mit der Tochter in ihrem Londoner Heim verbringen, bis Seine Admiralität wieder in die Schlacht ziehen muss. In eine Schlacht, die ihn unsterblich machen sollte – und in der er dennoch sein Leben ließ.

Bei Trafalgar im Jahr 1805 führte Nelson von der *Victory* aus, einem dickbauchigen 68 Meter langen und 15 Meter breiten Monstrum von Flaggschiff mit über 100 Artillerieteilen und 850 Mann Besatzung, den britischen Flottenverband gegen eine zahlenmäßig weit überlegene französisch-spanische Armada. Während der Schlacht stand

Die zweijährige Horatia. Lord Nelson trug das kleine Porträt bis zu seinem Tod bei sich.

Lord Nelson und Lady Hamilton. Diese Stickerei ist das einzige bekannte Bild, auf dem Nelson in Zivilkleidung zu sehen ist.

Nelson unerschrocken und deutlich sichtbar an Deck. Vier große Orden blitzten an seiner Paradeuniform wie an einer Londoner Bordelltür. Eine verlockende Einladung, der ein französischer Scharfschütze nicht widerstehen konnte. Nelsons letzte Worte waren, um den Sieg wissend:

„Nun bin ich zufrieden. Gott sei Dank, ich habe meine Pflicht getan."

Den Helden von Trafalgar packte man in ein Fass, füllte selbiges mit Branntwein und überführte ihn fürs Staatsbegräbnis nach England, wo man sich in London am Trafalgar Square noch heute seiner erinnern kann. Seine große Liebe hingegen verscharrte man knapp zehn Jahre später mit einem Armenbegräbnis in Calais. Weder hatte die Leibrente ihres Mannes gereicht (Haupterbe war der Neffe!) noch das Gut, das Nelson ihr geschenkt hatte, weder die staatliche Rente, die sie aufgrund der Verdienste Nelsons erhalten hatte, noch die Zuwendungen all der Freunde, die sich verpflichtet fühlten, ihr zu helfen. Lady Hamilton hatte einfach auf zu großem Fuß gelebt. Bis sie im Schuldgefängnis und schließlich in einem feuchten Loch irgendwo in Calais endete.

Was von ihr jedoch blieb, ist eine der sinnlichsten Zubereitungen, die man einer Seezunge angedeihen lassen kann. Um 1800 soll sie dieses Gericht für ihren Geliebten erfunden haben, als ihre Leidenschaft für den einarmigen Schlachtenlenker in hellen Flammen stand. Vermutlich hat sie ihn viele Abende mit dieser und anderen Köstlichkeiten verwöhnt und ihn damit seine kargen Zeiten auf See vergessen lassen. Dass er sich anschließend gerne weiter verwöhnen ließ, ist mehr als vorstellbar, darüber hüllen wir allerdings an dieser Stelle den Mantel des Schweigens.

Lord Nelson ließ sich in kulinarischer Hinsicht übrigens auch nicht lumpen. An Bord seines Schlachtschiffes bewirtete er oftmals bei romantischem Kerzenschein in der Kapitänskajüte seine Geliebte, bisweilen gemeinsam mit ihrem Mann, und ließ von seinem Schiffskoch einige Köstlichkeiten auftischen, die man späterhin allesamt mit einem „à la Nelson" versah – und nicht nur die.

Der Held von Trafalgar wird von seinem Schiff getragen. Noch zwei Tage vor seinem Tod hatte er einen letzten Brief an seine Geliebte geschrieben.

Seezunge Lady Hamilton

Für 2 Personen

Für die Sauce:

2 Eier
1 EL gehackte Petersilie
½ EL gehackter Kerbel
½ TL gehackter Estragon
150 g (selbst gemachte) Mayonnaise
etwas Zitronensaft
½ TL süßer Senf
Salz, Cayennepfeffer

Für den Fisch:

2 küchenfertige Seezungen
Saft einer halben Zitrone
1 TL Worcestersauce
100 g Mehl
50 ml Öl
1 EL gehackte Petersilie

Für die Sauce die Eier 10 Minuten kochen, abschrecken, abkühlen lassen, schälen und klein hacken. Die Eier mit den Kräutern unter die Mayonnaise heben. Mit Salz, Cayennepfeffer, Zitronensaft und süßem Senf abschmecken.

Den Backofen auf 100 °C vorheizen. Die Seezungen waschen und trocken tupfen. Zitronensaft und Worcestersauce verrühren. Die Seezungen damit beträufeln, einreiben und 10 Minuten ziehen lassen. Die Seezungen salzen und im Mehl wenden. Das Öl in einer beschichteten Pfanne erhitzen und die Seezungen bei milder Hitze auf beiden Seite 2 bis 3 Minuten anbraten. Auf ein Backblech oder in eine flache Auflaufform geben und im Backofen 20 Minuten fertig garen.

Auf vorgewärmten Tellern anrichten, mit Zitronensaft beträufeln, mit Petersilie bestreuen. Die Sauce daneben verteilen.

Dazu passen kleine junge gekochte Kartoffeln mit ein wenig zerlassener Butter und grobem Meersalz.

Beefsteak Nelson

Für 2 Personen

2 Scheiben Rinderfilet (à 150 g)
10 sehr kleine junge Kartoffeln
10 kleine braune
    Champignons
2 Schalotten
1 Möhre
2 EL Butter
4 EL Madeira
4 EL braune Sauce
    (Fertigprodukt)
Salz, schwarzer Pfeffer
    (frisch gemahlen)

Horatio Nelson, populäres Porträt mit Szenen aus
seinem Leben, von Malcolm Greensmith, um 1810

Die sehr kleinen Kartoffeln gar kochen, anschließend pellen und beiseitestellen.

Champignons bürsten, Schalotten schälen und sehr fein würfeln, Möhre ebenfalls sehr klein würfeln. In einer größeren Kasserolle 1 EL Butter zerlassen und die Champignons, die Möhren und die Schalotten darin glasig dünsten. Mit Madeira ablöschen, etwas einköcheln lassen, braune Sauce hinzufügen. Mit Salz und Pfeffer abschmecken. Die Kartoffeln dazugeben, bei kleiner Hitze warm halten.

Die Filets leicht klopfen, salzen, pfeffern und in 1 EL Butter bei nicht zu großer Hitze von jeder Seite ca. 3 Minuten bräunen. Die Filets in die Kasserolle obenauflegen und bei geschlossenem Deckel noch einige Minuten dämpfen lassen. In der Kasserolle servieren und am Tisch auf Tellern anrichten.

Lady Emma Hamilton, Ölbild von George Romney

Ludwig XV. von
Frankreich, Gemäl-
de nach Hyacinthe
Rigaud, um 1715

Marquise de Pompadour und Ludwig XV.

VON „IHRE MAJESTÄT UNTERROCK"
ZUR VERTRAUTEN FREUNDIN

Madame de Pompadour, Pastell von Maurice
Quentin de La Tour, um 1754

Ludwig XV. und
Madame de Pompadour, 1851

Das war entweder mysteriös oder das Ergebnis eines gezielten Nachstellens. Immer wenn Seine königliche Sonnigkeit mit seinem Gefolge in der Gegend um Étoilles, im nahe gelegenen Wald von Sénart, auf der Jagd war – und das waren Seine Hoheit sehr oft, weil Jagen zu Seiner Hoheit Lieblingsbeschäftigungen zählte –, fuhr ihm neuerdings diese zauberhafte junge Dame über den Weg. Ganz zufällig. Auffallend zufällig.

Und immer war sie entzückend gekleidet. Und immer saß sie in einer außerordentlich hübsch ausstaffierten Kutsche. Irgendwann säuselte sie den verschwitzten Oberjäger mit glockenheller Stimme aus der Kutsche heraus auch an: „Sie schon wieder. Was machen Sie denn hier schon wieder? ... So, zur Jagd sind Sie hier. Was jagt man denn hier so? ... Ach, Wildschweine und Hirsche und so. Na, da würde ich ja wohl auch mal gerne ... Ach, das ist mehr so was für Männer. Na gut, muss ja nicht. Einen schönen Tag noch. Und vielleicht sieht man sich ja noch mal."

Man sah sich noch mal. Nicht sehr viel später. Denn natürlich hatte Ludwig XV. (1710–1774) nicht unrecht mit seiner Vermutung, dass ihm die junge Lady nachstellte. Sie wollte nämlich rein in die Bussi-Gesellschaft bei Hof in Versailles. Unbedingt.

Und zwar nicht durch die Hintertür. Sie wollte in der Etage ganz oben einsteigen, direkt beim Chef. Am besten als Mätresse, als Seiner Hoheit wildes Bettlaken.

Der erste Anlauf im Wald jedoch war schiefgegangen. Nicht, dass Ludwig nicht Gefallen an ihr, die sich als Jeanne-Antoinette Le Normant d'Étiolles (1721–1764) vorstellte, gefunden hätte. Aber er hatte bereits ein Bettlaken. Das hieß Marie-Anne de Mailly-Nesle und verbat dem jungen hübschen Ding weitere Nachstellungen im Wald. Doch wie das Schicksal so spielt: Die Mätresse Seiner Majestät lebte nicht mehr lange, schied dahin im Jahr 1744 mit gerade einmal siebenundzwanzig Jahren. Jetzt war die Bahn frei für die vier Jahre jüngere Rivalin.

Auf einem Maskenball schob sie sich und ihre körperlichen Vorzüge so auffällig ins königliche Blickfeld, dass Ludwig hätte blind sein müssen, um ihren Liebreiz zu übersehen. Sie war überdurchschnittlich groß, schlank, bewegte sich elegant und geschmeidig, hatte kastanienbraunes langes Haar, ihre Nase hatte ein vornehmes, klares Profil, ihre Lippen folgten einer ausgesprochen sinnlichen Linie, und wenn sie mit ihrem einnehmenden Lächeln die Anwesenden verzauberte, verrieten blendend weiße Zähne ihre vitale Jugend. Tja, und dann diese Augen, diese graugrünen Augen – die hatten

Galantes Souper, Kupferstich nach Gemälde von Nicolas Lancret, um 1740

etwas von jener Verführungskraft, die in der Fantasie des Gegenübers – vor allem eines männlichen – so ziemlich alles auszulösen in der Lage war, was äußerst nervös machen konnte. Und auch der Rest ihres Körpers war von Gottes Hand recht vollkommen gestaltet. Mit anderen Worten: Dieses Mädchen war einfach umwerfend.

Kein Wunder also: Ludwig XV. wurde neugierig. Noch einmal lief man sich bei einer Vorstellung im Schlosstheater über den Weg. Dann – gemeinsam mit anderen Gästen zwar, aber immerhin – das erste Candle-Light-Dinner. Der Rest der Überzeugungskunst war erotischer Natur. Das war's. Der König war überzeugt.

Ludwig XV. machte Jeanne-Antoinette Le Normant d'Étiolles zu seiner neuen Chef-Mätresse. Was bei Hof allerdings wie eine Bombe einschlug. „Die Neue" war nämlich nicht nur verheiratet, nein, viel schlimmer noch: Sie war bürgerlich! Und eine Bürgerliche als Seiner Hoheit Bettgenossin, das war schon ein Ding. Das Ding ging aber, weil Ludwig das so wollte.

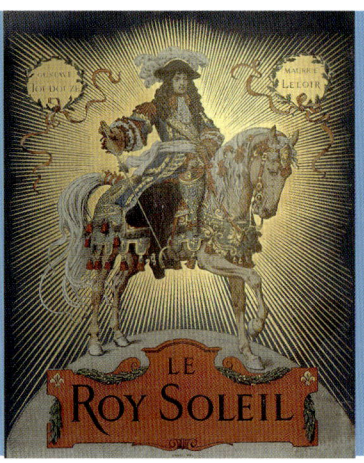

Und Ludwig war ja nun mal König von Gottes Gnaden.

Ludwigs Urgroßvater, der extrovertierte Sonnenkönig
Ludwig XIV., Farblithografie von Maurice Leloir

Also, wer wollte ihm da reinreden? Außerdem fand man erstens ihren Mann großzügig für eine Scheidung ab, und zweitens erhob man Jeanne-Antoinette flugs in den Adelsstand, indem man ihr ein kleines Gut zukommen ließ, nach dem sie sich fortan „Marquise de Pompadour" nannte. Jetzt also war sie drin.

Die Hartnäckigkeit, mit der Jeanne ihr ambitioniertes Unterfangen betrieben hatte, mag mit dem festen Glauben an den Wahrheitsgehalt von Weissagungen zusammengehangen haben: Angeblich hatte man ihrer Mutter bereits gewahrsagt, dass sie eine

Königin gebären würde. Und angeblich hatte man auch ihr selbst als Neunjährige vorausgesagt, dass sie dereinst die Mätresse Seiner Majestät werde.

Für das Rokoko-Leben bei Hof war die Marquise bestens ausgebildet. Das wiederum war ihrem – leiblichen – Vater und ihrem ersten Liebhaber geschuldet. Offiziell war sie die Tochter von François Poisson, einem robusten, grobschlächtigen und allen weltlichen Genüssen zugewandten Mann, der sich als Tagelöhner und als Stallmeister durchgeschlagen hatte, bis er schließlich als Heereslieferant zu einigem Wohlstand gekommen war.

Als er wegen des Verdachts der Unterschlagung das Land verlassen musste, übernahm ein reicher Bankier die weitere Erziehung des jungen Mädchens, wähnte er sich doch als der vermutlich leibliche Vater in der Pflicht. Die Vaterschaft des Bankers lag durchaus im Bereich des Möglichen, denn Jeanne-Antoinettes Mutter hatte es mit der ehelichen Treue nicht sonderlich ernst gehalten.

Sowohl ihr leiblicher Vater als auch ihr erster Liebhaber, dem sie sich mit sechzehn Jahren hingab, investierten einige Kosten und Mühen in ihre Ausbildung. So wurde sie im Tanz, im Musizieren, im Gesang und im Vortrag ausgebildet, lernte auch Italienisch, um Arien in der Originalsprache singen zu können. Und nicht zuletzt brachte man ihr höfisches Betragen bei. Ihre Heirat mit dem Neffen ihres leiblichen Vaters, dem Untergeneralpächter Charles Le Normant d'Étiolles, einem hässlichen und schlecht gebauten Zwerg, war lediglich eine Zwischenetappe, die sie auf der Gesellschaftsleiter einige Sprossen höher steigen ließ, bis sie schließlich im königlichen Olymp unterkam.

Doch man sollte sich keiner falschen Vorstellung hingeben: Mätresse von Ludwig XV. zu sein, war keine rein vergnügliche Veranstaltung. Ludwig XV. hatte zeitlebens mit dem erdrückenden Erbe seines Vorgängers und Urgroßvaters zu kämpfen. Ludwig XIV. nämlich war die Lichtgestalt absoluter königlicher Machtentfaltung gewesen, eine Primadonna, die nichts mehr liebte als das legendäre barocke Hofgepränge mit Prunk und Protz und Perücken. Er war der Begründer des Sonnenkönigtums, der Erfinder einer ausgeklügelten und den Adel disziplinierenden Hof-Hierarchie. Im Kosmos zu Versailles gab es nur einen Stern, der hell leuchtete, und das war der des Königs.

Während sein Urgroßvater ein extrem extrovertierter Herrschertyp gewesen war, der das königliche Leben komplett der Öffentlichkeit preisgegeben hatte, war Ludwig XV.

Der mächtige Kardinal
de Fleury, Gemälde von
Joseph Siffred Duplessis

eher introvertiert, schüchtern. Bei öffentlichen Auftritten gerierte er sich eher zurückhaltend. Auch seine Neigung zu stottern trug nicht gerade zur Trittsicherheit im
öffentlichen Raum bei. Ludwig war zwar nicht dumm, hatte aber wohl bereits früh
Anflüge von Senilität. Und Entscheidungen zu treffen, zählte offenbar auch nicht
zu seinen bezwingenden Eigenschaften. Nur allzu gerne überließ er die politischen
Geschäfte anderen, zum Beispiel Kardinal André-Hercule de Fleury, der gut siebzehn
Jahre allmächtig regierte.

Zu seiner Unlust an öffentlicher Repräsentanz trug sicher auch bei, dass er der
gesamten gepuderten Schmeichelei am Hof nicht einen Meter über den Weg traute,
diesem schmierigen Intrigantenstadl, in dem mehr oder weniger alle Funktionsträger
eine meist undurchsichtige Rolle spielten. Allein bei seinen Geliebten, bei seinen zahlreichen Mätressen glaubte er sich sicher und verstanden. Gegenüber der Marquise gab
er offen zu: „Ich habe viele Schmeichler, doch keine Freunde. Das ist das Unglück der
Fürsten; man betet sie an, aber selten liebt man sie."

Das Leben Ludwig XV. war also von Schwermut und Lethargie gekennzeichnet.
Gerne zog er sich in die Appartements privés zurück, gerne mit einer seiner Mätressen.
Und gerne gab er sich zur Ablenkung kurzweiligen Vergnügungen hin, vor allem der
Jagd, dem Theater. Und sehr teuren sexuellen Affären. Wurde Seine Hoheit einer hüb-
schen Gelegenheit angesichtig, wurde flugs die königliche Besteigung arrangiert. An
die hundert Liebesaffären wollen Berufene gezählt haben.

Ludwig war in dieser Hinsicht ein echter Rokokofürst, ein Kind seiner Zeit. Frivole Liebhaberei galt allenthalben als eine modische Attitüde. Alle Welt nahm Liebespillen, bediente sich „Spanischer Fliegen" und betrachtete amouröse Abenteuer als zeitgemäße Stimulanz. Doch das Rokoko war auch eine Epoche der erotischen Décadence. Es ging weniger um Liebe und Leidenschaft als allein um die Verfeinerung der Technik. Nicht mehr die Sache an sich war von Interesse, nur noch die Methode. Die Begleitmusik zu diesem Possenspiel waren gespielte Infantilität, männliche Galanterie und weibliche Koketterie.

Wie viele Liebschaften es auch gewesen sein mögen, unter dem Strich war es ein ödes, ein übersättigtes, ein oberflächliches Leben. Mit anderen Worten: Es war langweilig da oben im königlichen Olymp. Um Langeweile zu vertreiben, die sich auf derartig hohem Niveau eingespielt hat, bedarf es schon besonderer Fähigkeiten. Und es war harte Arbeit. Die Marquise jedoch scheute diese Arbeit nicht. Die Fähigkeiten dazu hatte sie ja. Sie konnte reiten, malen, singen, veranstaltete rauschende Feste, organisierte Theater-, Opern- und Ballettauftritte, und sie vermochte den König immer wieder aufs Neue zu überraschen und aufs Vortrefflichste zu unterhalten.

Vor allem in erotischen Angelegenheiten. In der Verfeinerung der Liebestechniken erwies sich die Marquise de Pompadour offenbar als eine ausgesprochene Meisterin. Was ihr Leben, ähnlich dem ihres männlichen Gegenstücks Casanova (1725 – 1798), zur Legende und den König von ihr abhängig machte.

Doch die Marquise war nicht allein in der Angelegenheit fleischlicher Genüsse eine Künstlerin. Sie begeisterte Seine Hoheit nicht zuletzt auch mit allerlei kulinarischen Fines-

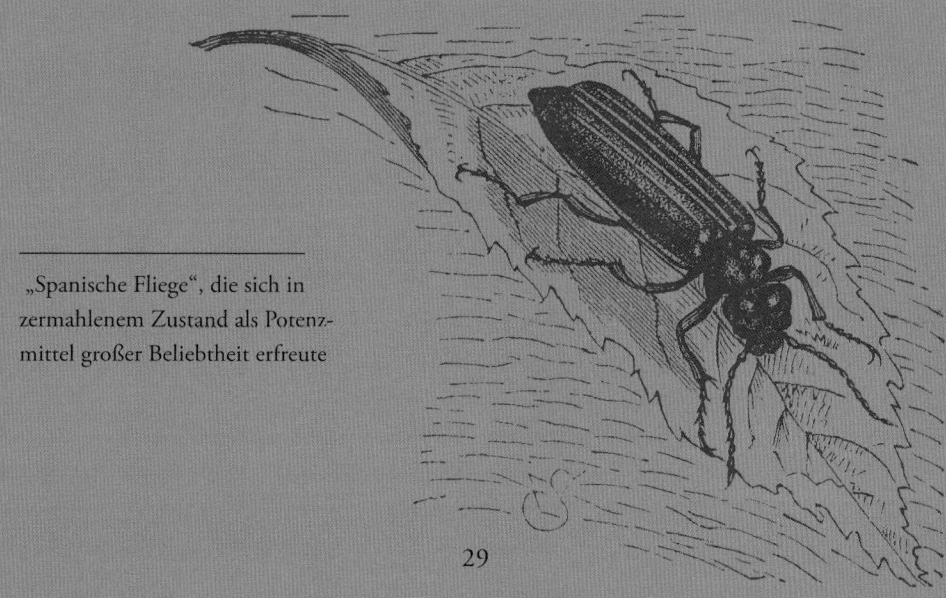

„Spanische Fliege", die sich in zermahlenem Zustand als Potenzmittel großer Beliebtheit erfreute

sen. Davon war Ludwig so angetan, dass er sich von seinem Leibkoch sogar selbst in die Kunst des Kochens einführen ließ. Seine Künste bot er dann bei offiziellen Soupers den Geladenen zur Begutachtung. Wovon die hochwohlgeborenen Gäste in der Regel weniger erbaut waren, ließen des Königs Fähigkeiten im gestalterischen Detail für den verwöhnten Gaumen doch zu wünschen übrig. Wer isst schon gerne verbrannte Eierkuchen?

Die Kochkünste der Pompadour hingegen waren legendär. Zu den besseren Schöpfungen zählt weniger der „Hecht à la Pompadour", ein Rezept für ihren minderbegabten Ludwig. Aber die „Consommé à la Pompadour", eine klare Geflügelkraftbrühe mit pochierten Geflügelfarceklößchen, Trüffelstreifen, in Fleischbrühe pochierten Selleriejulienne und in Champagner gegarten Krebsschwänzen, wird bis heute als absolute Suppendelikatesse gelobt. Selbst von Sterneköchen.

Die flankierenden Maßnahmen in der Küche waren lecker, aber vor allem auch Strategie. Denn die Marquise war lebensklug genug, um die simple Beschaffenheit der männlichen Natur zu erkennen und sich zunutze zu machen.

„Die Liebe eines Mannes wird
im Bett gewonnen und bei Tisch erhalten.
Auch ein König ist ein Mann!",

war ihr Credo. Letzteres konnte übrigens auch die offizielle Gemahlin von Ludwig, Königin Maria Leszczyńska, bestätigen, die Ludwig als Fünfzehnjähriger 1725 geheiratet hatte und die ihrem sieben Jahre jüngeren Gemahl immerhin zehn Kinder schenkte. Doch schon früh und lange bevor die Marquise die Bühne betrat, hatte sie sich damit abfinden müssen, dass ihr Mann im Schlafzimmer auf Abwechslung bestand.

Die Marquise verstand sich mit der Königin gleichwohl gut, erteilte ihr gar Unterricht in Liebesdingen. Allerdings hatte die Königin kaum Gelegenheit, ihre neu gewonnenen Erkenntnisse bei ihrem Gemahl zur Anwendung zu bringen. Ihre chronische Schwangerschaft ließ das königlich-sexuelle Interesse zunehmend schwinden. „Immer im Bett, immer schwanger, immer beim Gebären", war der königliche Kom-

Marie-Louise O'Murphy, eine der späteren Mätressen des Königs. Ihr Versuch, Madame de Pompadour von ihrem Platz zu verdrängen, scheiterte und sie wurde vom Hof entfernt und verheiratet. Gemälde von François Boucher, 1751

mentar zur Libido der Gemahlin. Maria Leszczyńska galt zudem als gütig und fromm. Beides Eigenschaften, die in erotischer Hinsicht gerne auch mit gähnender Langeweile einhergehen. Nach der letzten Schwangerschaft war Schluss mit königlichem Beischlaf.

Dass Ludwig seiner Pompadour über sechs Jahre hinweg die Ehre der Verrichtung von Liebesdiensten unter Seiner Majestät Bettdecke gewährte, war erstaunlich genug und sprach Bände über ihre handwerklichen Fertigkeiten. Doch dann wurde auch die Pompadour langweilig, und die sexuelle Rastlosigkeit trieb Ludwig weiter in die Arme jüngerer Gespielinnen. Und weil es auch auf dem Schlachtfeld der Erotik keinen Sinn macht, Schlachten zu schlagen, die man nur verlieren kann, und um ihren geliebten Ludwig nicht zu verlieren, machte die Marquise irgendwann aus der Not eine Tugend: Fortan führte sie ihrem Monarchen in ihrem extra eingerichteten „Parc aux Cerfs"

(Hirschpark) junge anonyme Schönheiten aus dem Volk zu, die ihren Einfluss und ihre Stellung am Hof nicht gefährden konnten. Dabei berücksichtigend, dass sich das sexuelle Interesse ihres Gebieters zunehmend auf eine Altersgruppe von vierzehn Jahren und jünger fokussierte, wofür man heute selbst gesalbte Häupter in den forensischen Vollzug einliefern würde.

Die Marquise mochte als Lustwiese ausgedient haben. Doch sie blieb bis zu ihrem Tod die Vertraute und Freundin des Königs. Unter den spezifischen Bedingungen einer solchen Beziehung konnte man tatsächlich von Liebe sprechen. Ihren Einfluss büßte sie jedenfalls nicht ein. So mischte sie sich immer wieder sehr erfolgreich in die Personalpolitik bei Hof ein. Beispielsweise protegierte sie die Karriere des Herzogs von Choiseul, der schließlich im Sessel des Außenministeriums Platz nehmen durfte – ein Dankeschön für die intrigante Hilfe des Herzogs gegen potenzielle Nebenbuhlerinnen der Pompadour.

Als Folge ihrer Bildung kultivierte und förderte sie die Künste und Künstler wie Boucher und Pigalle mit großzügigem Mäzenatentum, errichtete die heute noch weltberühmte Porzellanmanufaktur in Sèvres und vieles mehr. Von der hochadeligen Hofkamarilla wurde die Bürgerliche deswegen gehasst, man warf ihr Verschwendungssucht vor.

Ihre Sympathien für die politisch-philosophische Avantgarde, für Aufklärer wie Voltaire und Helvetius, für die Enzyklopädisten um Diderot und d'Alambert trugen ihr auch von klerikaler Seite eine ausgesuchte Feindschaft ein – der Pariser Erzbischof forderte gar ihre öffentliche Hinrichtung.

Keine glückliche Hand bewies die Marquise de Pompadour in außenpolitischen Belangen. Als sie im Siebenjährigen Krieg Frankreich an die Seite Österreichs gegen

Madame de Pompadour hegte große Sympathien für die philosophische Avantgarde. Zeitgenössisches Porträt des federführenden Aufklärers Voltaire

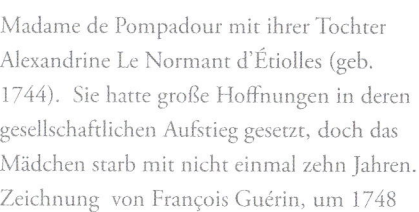

Madame de Pompadour mit ihrer Tochter Alexandrine Le Normant d'Étiolles (geb. 1744). Sie hatte große Hoffnungen in deren gesellschaftlichen Aufstieg gesetzt, doch das Mädchen starb mit nicht einmal zehn Jahren. Zeichnung von François Guérin, um 1748

Preußen führte, beging sie einen dramatischen Fehler. 1756 musste die französische Armee bei Rossbach in Sachsen eine verheerende Niederlage gegen die preußische Armee unter Friedrich dem Großen einstecken. Und das mochte die Marquise besonders schmerzen, hatte Friedrich der Große doch mehrfach in Versform über sie gelästert und sie als „Ihre Majestät Unterrock" verspottet.

Das aufreibende Leben und enervierende Intrigenspiel am Hof und wohl eine von Natur aus nicht sonderlich robuste Gesundheit ließen die Marquise schließlich schwer erkranken. Als sie das Ende nahen spürte, ließ sie nach einem Priester rufen, der ihr die Beichte abnahm. Als er das Zimmer verlassen wollte, hauchte sie mit ihrem letzten Atem: „Einen Moment, ehrwürdiger Vater, ich komme mit Ihnen." Mit nur zweiundvierzig Jahren erlosch ihr Lebenslicht.

Ludwig wohnte dem Trauerzug, der seine geliebte Mätresse von Versailles nach Paris bringen sollte, vom Balkon seines Zimmers bei. „Die Marquise hat kein gutes Wetter zur Reise", soll er angesichts des Regens und des Sturms gesagt haben. Und als der Zug schon lange nicht mehr zu sehen war, trat er zurück ins Zimmer und schluchzte weinend: „Das war die einzige Ehre, die ich ihr erweisen konnte."

Wir hingegen können der Marquise noch heute die Ehre erweisen – indem wir in die Küche gehen und uns die Mühe geben, ihre Consommé nachzukochen. Sie werden sehen, sie ist aller Mühen wert, auch wenn der Mann an Ihrem Tisch kein König ist. Vielleicht heißt er ja wenigstens Ludwig.

Consommé à la Pompadour

Für 2 Personen

Für die Klößchen:
75 g eiskaltes Hähnchenbrustfilet ohne Haut
75 g eiskalte Sahne
¼ TL Dijon-Senf
½ Msp. abgeriebene Zitronenschale (unbehandelt)
Muskatnuss
½ EL gehackte Petersilie
Zitronensaft
Salz, Pfeffer, Cayennepfeffer

Für die Consommé:
½ l Geflügelfond
½ Lorbeerblatt
¼ TL Pimentkörner
½ Streifen Orangenschale (unbehandelt)
½ Streifen Zitronenschale (unbehandelt)
½ Thymianzweig
50 g Knollensellerie
½ EL schwarze Trüffelstreifen (frisch oder eingelegt)

Das Hähnchenbrustfilet waschen, trocken tupfen und in Würfel schneiden. Salzen, pfeffern und mit der Sahne für 5 Minuten in den Tiefkühler stellen.

Das Hähnchenbrustfilet in einen Mixer geben, mit Senf, Zitronenschale, Cayennepfeffer und Muskatnuss mixen, bis die Masse bindet. Dann die Sahne in drei Schritten zugeben und jeweils so lange mixen, bis sie abbindet und schließlich eine glatte Farce bildet. Die Masse aus dem Mixer nehmen, mit Petersilie mischen, mit Salz und Zitronensaft abschmecken.

Salzwasser zum Kochen bringen, vom Herd nehmen bzw. die Hitze so weit reduzieren, bis das Wasser nicht mehr kocht. Mit zwei angefeuchteten Teelöffeln kleine Nocken abstechen und in das Salzwasser geben. 5 bis 10 Minuten ziehen lassen. Rausnehmen und im Ofen warm halten.

Den Geflügelfond mit Lorbeerblatt und Pimentkörnern bis knapp unter den Siedepunkt erhitzen, Orangen-, Zitronenschale und Thymian zugeben. 5 bis 10 Minuten ziehen lassen, dann die Flüssigkeit durch ein Sieb in einen weiteren Topf abgießen.

Knollensellerie schälen und in sehr feine Streifen schneiden (Julienne). Mit den Trüffelstreifen in die Suppe geben und bis knapp unter den Siedepunkt ca. 5 Minuten ziehen lassen. Mit Salz abschmecken, die Hähnchenklößchen hinzufügen, kurz erwärmen. In vorgewärmte Suppenteller oder -tassen verteilen.

Speisekarte für eine Einladung des Königs und Madame de Pompadour am 4. November 1757

35

Giacomo Casanova,
Gemälde von Alessandro
Longhi, 1774

Giacomo Casanova und Armellina

DIE WOHL SINNLICHSTE ART UND WEISE,
AUSTERN ZU SCHLÜRFEN

Man muss wohl vorweg ein Vorurteil aus dem Weg räumen: Giacomo Casanova war nicht das, für was man ihn gemeinhin und in Unkenntnis seiner Biografie hält. Er war nämlich kein von sexueller Gier getriebener Lüstling, dessen einziger Zeitvertreib darin bestanden hätte, sich durch die Betten des 18. Jahrhunderts zu wühlen, um abschließend eine umfangreiche pornografische Schrift (immerhin sechs Bände) als Biografie getarnt zu verfassen.

Der geborene Venezianer Casanova (1725–1798) war ein gebildeter (er studierte Jura und Theologie) und weit gereister Mann, der an den bedeutendsten Fürsten- und Königshöfen logierte, der ein abenteuerliches Leben führte, in Venedig in den berühmten Bleikammern einsaß (wegen Gottlosigkeit), aus denen er eine aufregende Flucht organisieren konnte, die er in einem aufsehenerregenden Buch beschrieb, das ihn wiederum berühmt machte.

Natürlich war Casanova auch ein Kind seiner Zeit. Es war die Zeit des Rokoko, in der zweifelsfrei – vor allem in den gehobenen Ständen – sehr viel Zeit auf allerlei Vergnügungen recht dekadenter Natur verwendet wurde. Auch und natürlich in Angelegenheiten der Liebe und der Erotik. Die Verfeinerung der Liebestechniken galt als höchst schöpferische Aufgabe. Und es gab wahre Artisten der Erotik, die aus dem Gegenstand ihrer Leidenschaft eine wahre Wissenschaft machten. Zweifelsfrei zählte Casanova auf der männlichen Seite zu den größten Künstlern dieses Metiers (auf der weiblichen Seite thronte die Pompadour, siehe S. 22) – selbst wenn nur die Hälfte der in seinen Memoiren niedergeschriebenen amourösen Abenteuer stimmen sollte.

Aber sein Verlangen war weitaus differenzierter, als man in Kenntnis der ansonsten einfach gestrickten Natur des Mannes erwarten könnte. Casanova hatte eine seiner Intelligenz und Bildung geschuldete sehr reflektierte Vorstellung von Erotik und sexueller Lust, war doch seiner Meinung nach von allen Geschöpfen Gottes einzig der denkende Mensch in der Lage, Lust zu suchen, zu finden und zu genießen, zur höchsten Kulturstufe voranzutreiben und sie vor allem bereichernd zu verknüpfen mit einem ganzen Kanon anderer Genüsse – zum Beispiel mit der Kunst der Komödie, der Verkleidung und der Maskerade und natürlich mit den kulinarischen Genüssen. Flüchtig waren sie allesamt diese Genüsse, nicht konservierbar. Aber genau darin bestand der Reiz: den Genuss immer wieder neu zu suchen, die Lust immer wieder aufs Neue zu entfachen.

Eines der hübschesten Beispiele für seine Fähigkeit, das Liebesspiel mit kulinarischen Genüssen höchst erotisch aufzuladen und zu einem kunstfertigen, sehr geduldig erarbeiteten, aber schließlich doch „erfolgreichen" Gesamtkunstwerk zu gestalten, war seine Romanze mit einer sechzehnjährigen Klosterschülerin namens Armellina. Die hatte er auf Umwegen kennengelernt. Der sechsundvierzigjährige Casanova hielt sich 1771 in Rom auf, als ihm ein junger Freund von seiner unglücklichen Liebe zu einem jungen Mädchen berichtete, einer Liebe, die sich aber nicht entfalten konnte, weil seine Angebetete ihr Leben hinter den Gemäuern einer „klösterlichen Wohltätigkeitsanstalt" fristete.

Casanova besuchte mit seinem jungen Bekannten selbige Anstalt, um vor Ort entrüstet festzustellen, dass die dort untergebrachten Mädchen und Frauen entrechtet und verarmt unter der Knechtschaft eines Kardinal-Protektors zu leiden hatten. Es gab kaum eine Möglichkeit für die weiblichen Insassen, Kontakt mit der Außenwelt aufzunehmen: Das Verlassen der Anstalt war nicht erlaubt (es sei denn, draußen hätte ein gut zahlender Interessent sie zur Ehelichung entgegengenommen, von denen sich allerdings wegen der hohen Ablösesummen keiner fand), und der einzige Raum, in dem die weiblichen Insassen Besucher empfangen konnten, glich einer Zelle in einem Hochsicherheitstrakt:

„Als wir das Sprechzimmer betraten, sah ich zu meiner Überraschung ein doppeltes Gitter von gekreuzten Stäben, die so dicht waren, dass ein zehnjähriges Mädchen seine Hand nicht hätte hindurchstecken können, ohne sich zu verletzen. Zwischen dem inneren und äußeren Gitter befand sich ein ziemlich großer Zwischenraum, wodurch die Öffnungen scheinbar noch um die Hälfte kleiner wurden; hierdurch wurde es außerordentlich schwierig, die Gesichtszüge der Personen zu erkennen, die sich dicht an das zweite stellten, umso mehr, da der Teil des Sprechzimmers, wo die unglücklichen Gefangenen sich aufhielten, nur von dem unsicheren Licht des für die

Besucher bestimmten Teiles notdürftig erhellt wurde ... Der Anblick erfüllte mich
mit Entsetzen."

Die armen Kreaturen waren hier unter dem Kreuz des Herrn von ihren Famili-
en eingeliefert worden, weil man befürchtete, dass sie „dem Laster zur Beute fallen"
könnten. Aus diesem Grund wurden zu allem Übel nur ausgesucht hübsche Mädchen
aufgenommen – die hässlichen würden von den Nachstellungen des Lasters ja nicht
behelligt. Wie hübsch die jungen Damen waren, davon konnte Casanova sich persönlich überzeugen. Denn dort lernte er bei einem seiner Besuche die bildhübsche
Schwester seines jungen Freundes, besagte Armellina, kennen (ebenso wie ihre sie-
benundzwanzigjährige Freundin Emilia). Durchs Gitterwerk hindurch verliebte sich
Casanova unsterblich in Armellina. Seine Leidenschaft war entbrannt, was nachvoll-
ziehbar war:

„Sie war eben sechzehn Jahre alt geworden; hochgewachsen und von üppigen For-
men; sie entzückte mich. Niemals glaubte ich eine weißere Haut, schwärzere Augen,
Brauen und Haare gesehen zu haben; unwiderstehlich aber wurden ihre Reize durch
die Sanftheit ihrer Blicke und ihrer Stimme und durch die geistvolle Naivität ihrer
Bemerkungen."

Nun dürstete es Casanova, seine entbrannte Leidenschaft auch körperliche Gestalt
annehmen zu lassen. Doch durchs Gitterwerk war schlecht küssen! Um dennoch ans
Ziel seiner Begierde zu gelangen, setzte er alle Hebel und Kontakte in Bewegung, derer er
verfügte. Freunde Casanovas hatten Zugang zum Papst, der sich unter dem Eindruck einer schriftlich vorgetragenen Intervention wider Erwarten nicht lumpen ließ, die Anstalt
weitreichenden Reformen zu unterziehen, fortan mehr Licht in die Anstalt zu lassen und
ihren Insassen sogar zu erlauben, die Mauern hin und wieder zu verlassen.

Und so kommt es schließlich zu einem ersten Treffen zwischen Armellina, ihrer
Freundin Emilia und Casanova außerhalb der Anstalt. Casanova lädt die beiden

Lithografie von Julius Nisle, um 1850

Schönen ins Theater ein und anschließend in einen Gasthof zu einem gemeinsamen Abendmahl. Das Lustmahl mit jeder Menge Champagner, Punsch und einer Unmenge Austern diente natürlich allein der Eroberung Armellinas. Und weil sie nun mal dabei war und ein ebenso liebreizendes Äußeres aufwies, auch ihrer Freundin Emilia. Das Spiel beginnt und wir lassen an dieser Stelle den Meister selbst zu Wort kommen:

„Wir kamen in den Gasthof, wo ich vor allen Dingen ein gutes Feuer anzünden ließ; hierauf bestellte ich ein gutes Abendessen.

Der Kellner fragte mich, ob ich Austern wünschte; da ich sah, dass meine Gäste sehr neugierig darauf waren, fragte ich ihn nach dem Preise.

‚Sie kommen aus dem Arsenal von Venedig, und wir können sie nicht billiger geben als zu fünfzig Paoli das Hundert.'

‚Gut; lassen Sie hundert auftragen; aber ich wünsche, dass sie hier geöffnet werden.'

Armellina war erstaunt, dass ihre Laune mich fünf römische Taler kosten sollte, und bat mich, die Bestellung zu widerrufen; sie schwieg jedoch, als ich ihr sagte, mir wäre nichts zu teuer, wenn ich annehmen könnte, ihr damit ein Vergnügen zu machen ...

Während wir fünfzig Austern aßen, tranken wir zwei Flaschen schäumenden Champagners. Der Wein brachte meine beiden Gäste zum Lachen und zum Erröten, indem er sie nötigte, die Unschicklichkeit des Aufstoßens zu begehen.

Ich hätte gern gelacht und Armellina mit Küssen verschlungen; leider aber konnte ich sie nur mit den Augen verschlingen ...

Das Abendessen war über alle Erwartungen gut, und meine beiden Heldinnen langten tüchtig zu. Zum Schluss war sogar Emilia ganz entflammt.

Ich ließ Zitronen und eine Flasche Rum kommen, und nachdem ich die fünfzig zurückbehaltenen Austern hatte anrichten lassen, schickte ich den Kellner fort und machte eine Bowle Punsch, den ich dadurch verbesserte, dass ich eine Flasche Champagner hineingoss.

Nachdem wir einige Austern geschlürft und von dem Punsch, der die beiden Freundinnen zu lauten Ausrufen der Bewunderung hinriss, ein oder zwei Gläser getrunken hatten, erlaubte ich mir, Emilia zu bitten, mir eine Auster mit ihren Lippen zu geben. ‚Sie besitzen zu viel Geist‘, sagte ich zu ihr, ‚um sich einbilden zu können, dass etwas Böses dabei sein könnte.‘

Erstaunt über diesen Vorschlag, dachte Emilia darüber nach. Armellina sah sie aufmerksam an; augenscheinlich war sie neugierig, welche Antwort sie mir geben würde.

‚Warum‘, sagte Emilia schließlich, ‚machen Sie diesen Vorschlag nicht Ihrer Armellina?‘

‚Gib du zuerst ihm die Auster‘, sagte Armellina zu ihr, ‚wenn du den Mut hast, werde ich ihn auch haben.‘

‚Was für ein Mut ist dazu nötig? Es ist ja nur ein kindlicher Scherz und gar nichts Schlimmes dabei.‘ ...

Ich hielt ihr die Austernschalen an den Mund, und nachdem sie viel gelacht hatte, schlürfte sie die Auster ein und hielt sie zwischen den Lippen fest. Schnell nahm ich die Auster, indem ich meine Lippen auf ihren Mund presste; ich tat dies jedoch in sehr anständiger Weise.

Armellina klatschte in die Hände und sagte, sie hätte Emilia nicht für so tapfer gehalten. Hierauf machte sie es genau ebenso wie ihre Freundin. Sie war entzückt über das Zartgefühl, womit ich ihre Auster nahm, indem ich kaum ihre schönen Lippen streifte. Aber man stelle sich meine angenehme Überraschung vor, als ich sie zu mir sagen hörte, es komme mir zu, das Geschenk zurückzuerstatten. Man kann sich denken, mit welcher Wonne ich dies tat.

Nach diesem reizenden Scherz fuhren wir fort, unsere Austern zu essen und unseren Punsch zu trinken.

Wir saßen in einer Reihe, den Rücken dem Feuer zugewandt ... Wir erstickten vor Hitze ... Da ich es nicht mehr aushalten konnte, zog ich meinen Rock aus, und sie mussten ihre Kleider aufschnüren, deren Mieder mit Pelz gefüttert waren ...

Ich verschlang mit meinen Blicken tausend Reize, die sie mir in dem Zustande, worin sie sich befanden, nicht verbergen konnten ...

Hierauf wagte ich ihnen zu sagen, ihre Beine wären vollendet schön, und ich würde in Verlegenheit sein, wenn ich erklären sollte, welche von ihnen die schönsten hätte."

Dem Ziel schon so nah, machte Casanova sich nun jedoch nicht sinnentrunken auf, um als Nächstes das Mieder der Angebeteten zu stürmen. Stattdessen nahm er sich Zeit, unterbrach das lüsterne Spiel und bezahlte die Rechnung. Die in ihm zweifelsfrei entfachte Glut löschte er bei seiner Haushälterin, die sich ihm willig hingab. Das Spiel mit seinen beiden Klosterschülerinnen setzte er an einem der folgenden Abende fort, um es langsam und mit gesteigertem erotischem Raffinement in die beabsichtigte finale Richtung zu wenden. Erneut kehren die drei in einem Gasthof ein. Und erneut beginnt der frivole Zeitvertreib mit Punsch und Austern:

„Armellina trank Champagner, wie ich es ihr gezeigt hatte, und sah mich dabei mit Blicken an, die mich offenbar baten, in ihre Heiterkeit einzustimmen ...

Nachdem Austern und Champagner uns in eine heitere Stimmung versetzt hatten, aßen wir köstlich zu Abend. Man gab uns unter anderem Stör und wundervolle Trüffeln, denen meine schönen Gäste mit einem wollüstigen Appetit zusprachen ...

Als das Dessert, die fünfzig Austern und alle notwendigen Zutaten zu dem Punsch auf dem Tisch standen, entfernte der Aufwärter sich, indem er uns sagte, im Nebenzimmer würden die Damen alles finden, was sie brauchten.

Da das Zimmer klein und das Feuer sehr stark war, so war uns zu warm. Ich forderte die beiden Freundinnen auf, sich's bequem zu machen.

Sie gingen in das Nebenzimmer und erschienen bald darauf wieder in kleinen weißen Leibchen und kurzen halbseidenen Röckchen, die die Beine kaum bis zu den Waden bedeckten. Sie hielten sich umschlungen und lachten über ihre leichte Kleidung.

Es gelang mir, die Aufregung zu verbergen, in die mich dieses außerordentlich pikante Kostüm versetzte, und ich sah nicht einmal ihren schönen Busen an, als sie ihr Bedauern aussprachen, dass sie weder ein Halstuch noch eine Spitzeneinfassung an ihren Hemden hätten.

Ich sagte ihnen nachlässig, ich würde nicht hinsehen und der Anblick einer Brust wäre mir sehr gleichgültig.

Da ich ihre Unerfahrenheit kannte, so glaubte ich lügen zu müssen, denn ich war überzeugt, dass sie nicht sehr auf etwas achten würden, was ich so wenig zu schätzen schien.

Armellina und Emilia wussten wohl, dass sie einen sehr schönen Busen hatten, und waren vielleicht erstaunt über meine Gleichgültigkeit; ohne Zweifel dachten sie, ich hätte niemals einen schönen Busen gesehen, und in Rom sind allerdings schöne Brüste seltener als hübsche Gesichter ...

Als wir wieder die Austern von Mund zu Munde aßen, machte ich Armellina Vorwürfe darüber, dass sie den Saft der Austern hinunterschluckte, bevor ich diese in meinen Mund bekäme. Ich gab zu, dass es schwierig sei, es anders zu machen, aber ich erbot mich, ihnen zu zeigen, wie man das Wasser anhalten könnte, indem man mit der Zunge einen Damm bildete. Dies gab mir Gelegenheit zum Zungenspiel, das ich nicht näher erklären will, weil jeder es kennt, der einmal wirklich geliebt hat. Armellina ging mit solcher Gefälligkeit und Ausdauer darauf ein, dass sie offenbar ebenso viel Vergnügen daran fand wie ich, obwohl sie zugab, dass es ein höchst unschuldiges Spiel sei.

Populäre Buchillustrationen von Casanovas Abenteuern

Zufällig glitt eine schöne Auster, die ich Emilia in den Mund legen wollte, von der Schale herunter und fiel in ihren Busen. Sie wollte sie mit ihren Fingern herausholen, aber ich machte mein Vorrecht geltend, und sie musste nachgeben, sich aufschnüren lassen und mir erlauben, die Auster aus der Tiefe, wo sie liegen geblieben war, mit meinen Lippen hervorzuholen. Sie konnte es nicht verhindern, dass ich sie gänzlich entblößte, aber ich schlürfte meine Auster so geschickt, dass sie durchaus nicht auf den Verdacht kommen konnte, ich empfände dabei ein anderes Vergnügen als das, meine Auster wiederzuerlangen.

Armellina sah dies alles an, ohne zu lachen; offenbar war sie überrascht, dass ich auf die Schönheiten, die ich vor meinen Augen hatte, gar keinen Wert zu legen schien.

Emilia schnürte lachend ihr Mieder wieder zu.

Die Entdeckung war zu schön, als dass ich sie nicht hätte ausnützen sollen. Während ich Armellina auf meinem Schoß hielt, gab ich ihr eine Auster und ließ diese geschickt in ihren Busen herunterfallen. Hierüber lachte Emilia sehr, denn es hatte sie bereits geärgert, dass Armellina nicht auch schon ihren Mut auf dieselbe Weise wie sie gezeigt hatte.

Armellina war weit davon entfernt, in Verlegenheit zu geraten; im Gegenteil, sie konnte nicht verbergen, dass sie von dem Zufall entzückt war, obwohl sie sich den Anschein gab, wie wenn sie sich nichts daraus machte.

‚Ich will meine Auster!‘, sagte ich zu ihr.

‚Nehmen Sie sie!‘

Das ließ ich mir nicht zweimal sagen. Ich schnürte ihr Mieder absichtlich so ungeschickt auf, dass die Auster ganz tief hinunterfiel, und beklagte mich dabei, dass ich sie mit den Händen hervorholen müsste ...

Armellina konnte mich unter keinen Umständen beschuldigen, mir eine Freiheit

Lithografie von Julius Nisle, um 1850

herausgenommen zu haben, denn ich berührte ihre beiden Alabasterhalbkugeln nur, um mir meine Auster zu holen.

Als ich diese endlich erhascht hatte, konnte ich es nicht mehr aushalten: Ich bemächtigte mich der einen ihrer Brüste, indem ich den Saft meiner Auster verlangte, und saugte an der kaum hervortretenden Knospe mit einer Wollust, die sich nicht beschreiben lässt.

Ich ließ sie erst los, um wieder zur Besinnung zu kommen, denn meine Wollust hatte den Höhepunkt erreicht. Sie war überrascht, aber augenscheinlich gerührt.

Als sie mich meine Augen mit jenem schmachtenden Ausdruck, der dem höchsten Genuss folgt, auf die ihrigen richten sah, fragte sie mich, ob es mir viel Vergnügen gemacht hätte, den Säugling zu spielen.

‚Ja, mein Herz, ein sehr großes Vergnügen; aber es ist eine ganz unschuldige Kinderei.‘

‚Das glaube ich nicht, und ich hoffe, Sie werden der Oberin nichts davon sagen. Was Sie mit mir gemacht haben, kann für mich wenigstens nicht unschuldig sein, denn ich habe Gefühle gehabt, die gewiss eine Sünde sind. Wir dürfen auf diese Weise keine Austern mehr essen.‘"

Trotz aller Verführungskunst, selbst nach diesen gewagten Manövern an den Knospen ihrer Brust, zeigte sich Armellina noch zurückhaltend, war noch nicht bereit zur Erfüllung aller körperlichen Sehnsüchte ihres Verehrers. Zu fest geschnürt war das Korsett christlicher Moral wider die fleischliche Lust, zu tief saß die Angst, Sünde zu begehen. Doch der Meister hatte Geduld, und schließlich obsiegte das natürliche Verlangen über alle Vorbehalte, selbst die der Religion: „Am Faschingssonntag nach der Oper ergab Armellina sich meiner Zärtlichkeit; am letzten Tage des Karnevals erfreute ich mich ihrer Gesellschaft noch einmal ..."

Tja, mit einem bisschen Einfallsreichtum, einem bisschen Galanterie und einem Sack Austern kann man selbst uneinnehmbare Festungen erobern. Kleine kulinarische Abenteuer sind nicht selten der entscheidende Schlüssel zum ersehnten Erfolg. Man muss ja nicht auf die frivole Suche im Dekolleté gehen, aber Austern und Champagner als kulinarische Stimulantia im Liebesspiel einzusetzen, gehört nicht erst seit Casanova zu den reizvollsten Kombinationen. Hier eine von vielen Möglichkeiten, Austern und Champagner auf besonders schmackhafte Weise zu vermählen.

Prosit, möge es nützen!

Casanovas Gaumenkitzler

Für 2 Personen

10 (sehr frische) Austern

200 g frischer Blattspinat

2 Schalotten

60 g Butter

125 g Sahne

50 ml Champagner (oder auch ein bisschen mehr)

weißer Pfeffer, frisch gemahlen

Muskatnuss, frisch gerieben

Salz

Cayennepfeffer

1 TL Zitronensaft

1 TL in ganz feine Ringe geschnittener Schnittlauch

Die Austern mit einem Austernmesser öffnen. Das Fleisch herausschneiden und auf einen Teller legen. (Wenn Sie keine Erfahrung damit haben, lassen Sie es sich vom Verkäufer oder von der Verkäuferin zeigen. Es ist sehr viel leichter, als man glaubt!) Die Flüssigkeit durch ein kleines Sieb in eine Schale gießen.

Spinat gründlich waschen, die Stängel abschneiden und nur die Blätter in Salzwasser kurz blanchieren, anschließend in eiskaltem Wasser abschrecken.

Eine Schalotte schälen, in kleine Würfel schneiden und in 20 g Butter glasig dünsten. Die Spinatblätter dazugeben und kurz durchschwenken, mit Muskatnuss würzen.

Die zweite Schalotte schälen, in kleine Würfel schneiden und in 10 g Butter andünsten. Die Sahne angießen und bei starker Hitze einkochen lassen, bis sie sämig ist. Mit Champagner aufgießen, kurz aufkochen lassen. Mit Salz, Pfeffer, Cayennepfeffer und Zitronensaft würzig abschmecken.

Populäre Buchillustration

Die Austern mit der durchgesiebten Austernflüssigkeit in die Sahnesauce geben. Nach einer halben Minute die Austern wieder mit einem Löffel herausnehmen.

Den Blattspinat auf zwei Tellern anrichten und mit den Austern belegen. Die Sahnesauce mit einem Pürierstab aufmixen und dabei die restliche Butter in kleinen Flöckchen dazugeben. Die Sauce über den Austern verteilen und mit dem Schnittlauch bestreuen.

Giuseppe Verdi,
Lithografie, um 1850

Giuseppe Verdi und Giuseppina Strepponi

EIN GRANDIOS BESUNGENER STEINBUTT FÜR DIE GÄSTE

Giuseppina Strepponi am Klavier,
Gemälde, um 1845

49

Aus! Ende! Das war's! Welch eine Schande! Gepfiffen haben sie, die Zuschauer!

„Buh" und „Aufhören" gerufen und irgendwas wie „Du kannst nach Hause fahrn ..." gesungen. Eine Katastrophe war das. Aufgeregt hatten sich die Zuschauer. Und wie! Amüsieren hätten sie sich stattdessen sollen. War doch schließlich eine *komische* Oper, die er da geschrieben hatte. Doch „Un giorno di regno", die erste Opera buffo seines Lebens, geriet zum Fiasko. Und zwar nicht irgendwo in einem Provinztheater. Nein: an der Scala in Mailand! Ausgepfiffen in der Scala! Der erst kurz zuvor gefeierte zaghafte Erfolg mit seiner ersten Oper „Oberto, Conte di San Bonifacio" war damit obsolet. Es hatte halt nicht sollen sein. Er würde nie wieder komponieren! Nie wieder!

Natürlich würde er wieder! Doch nach diesem Desaster fiel Giuseppe Verdi (1813 – 1901) erst einmal in eine gepflegte Depression. Dabei war das Drama doch vorprogrammiert gewesen. Denn wie bitte hätte ein junger Mann von sechsundzwanzig Jahren eine komische Oper schreiben sollen, dem innerhalb von knapp anderthalb Jahren die ganze Familie weggestorben war? Zuerst 1838 seine Tochter mit eineinhalb Jahren, dann 1839 sein Sohn und zuletzt 1840 noch seine Frau.

Die Depression dauerte einige Monate an. Irgendwann jedoch drückte ihm der Scala-Impresario Bartolomeo Merelli ein Libretto-Manuskript in die Hand. Das solle er sich mal durchlesen. Ob er was damit anfangen könne. Verdi nahm es widerwillig unter den Arm, ging damit nach Hause und schmiss den Papierhaufen niedergeschlagen und wütend auf den Tisch. „Pah! Scala! Soll ich mich etwa noch einmal blamieren? Die können mich mal." Da fiel sein Blick auf eine Zeile: „Va', pensiero, sull' ali dorate" (Flieg, Gedanke, auf goldenen Schwingen). Moment mal, das war gut: Flieg, Gedanke, auf goldenen Schwingen! Vielleicht doch mal lesen?

Verdi las und schrieb. Eine Oper. Achtzehn Monate nach dem Durchfall seiner Opera buffo wurde „Nabucco" 1842 an der Mailänder Scala uraufgeführt. Ein Sensationserfolg! Siebenundfünfzig Aufführungen! Mit einem Fackelzug trug man das neu entdeckte Genie am Firmament der italienischen Oper nach Hause. Zuschauer und Kritik waren begeistert. Das „Va', pensiero" wurde angeblich sogar zur Hymne des Risorgimento, der Einigkeitsbewegung Italiens (das zu jener Zeit wie Deutschland noch ein Flickenteppich war und zudem in Teilen unter österreichischer Fremdherrschaft litt).

„Nabucco" war für Verdi das Tor in den italienischen Komponisten-Olymp. Der Erfolg von „Nabucco" an der großen Mailänder Scala war aber auch noch in anderer Hinsicht schicksalhaft für den begabten Musicus aus Le Roncole bei Busseto, aus der tiefsten Provinz der Emilia-Romagna. Die anspruchsvolle Rolle der Abigaille wurde nämlich von *der* Strepponi gesungen. Und *die* Strepponi war eine Primadonna, ein Star, um den sich die achtzig Opernhäuser im zersplitterten Italien seinerzeit rissen. Dagegen war Verdi bestenfalls ein Newcomer mit einem ersten Achtungserfolg, den die Strepponi mit ihrer Kunst geradezu adelte.

Gut, ihre Stimme hatte die besten Tage hinter sich. Das musste man wohl sagen. Sie war ja mittlerweile immerhin schon siebenundzwanzig Jahre alt, hatte folglich schon arg strapazierte Stimmbänder. Das Leben einer Operndiva war damals nämlich eine Ochsentour: Vier- bis sechsmal in der Woche musste man raus auf die Bühne, singen, selbst die brutalsten Partien. Da ging die Stimme irgendwann halt flöten. Aber eine gut aussehende Primadonna war sie nach wie vor, eine aparte Erscheinung, eine Frau mit Aura, die neben Italienisch auch fließend Deutsch, Englisch und Französisch sprach. Das war wohl auch dem jungen Maestro aufgefallen. Doch bevor er sich den Angelegenheiten des Herzens zuwenden konnte, musste er erst einmal arbeiten.

„Galeerenjahre" nannte er selbst die jetzt folgende Zeit, in der er von Erfolg zu Erfolg schritt. Und zwar nicht nur in Italien, er gastierte in Wien, Paris, London. Seine Honorare schraubten sich in ungewöhnliche Höhen, machten ihn zunehmend wirtschaftlich unabhängig. Und mit seiner Musik und seinen Aufführungen erzielte er eine Popularität, die nur vergleichbar ist mit der Breitenwirkung eines modernen Popstars. Seine Arien wurden bei Aufführungen vom Publikum minutenlang frenetisch gefeiert, sie wurden zu Gassenhauern, die man allenthalben in den Straßen und Osterien fröhlich vor sich hin pfiff.

Der Rest ist Musikgeschichte: Mit „Macbeth" (1847), „Jerusalem" (1847), „Rigoletto" (1851), „Il trovatore" (1853), „La traviata" (1853), mit „Aida" (1871), „Otello" (1887), „Falstaff" (1893) und noch vielen anderen Opern mehr schrieb und dirigierte er sich in den musikalischen Himmel der Unsterblichkeit. Und mit seiner Musikkonzeption etablierte sich Verdi als die italienischste aller Antworten auf den gleichaltri-

Der deutsche Konkurrent: Richard Wagner. Porträtaufnahme von Franz Hanfstaengl, 1871

gen Deutschen Richard Wagner. Wo Wagner symbolisch tiefgründelnd Götter und Mythen anrief, verließ sich Verdi auf einen bodenhaftenden Realismus – und das sehr südländisch, sehr melodisch-rhythmisch.

In Paris, anlässlich der Aufführung von „Jerusalem", traf Verdi erneut auf Guiseppina Strepponi. Und diesmal funkte es. Und zwar so sehr, dass er seine „Peppina" nicht mehr ziehen ließ. Mit Singen war es eh vorbei, Strepponis Stimme hatte sich unter den enormen Belastungen gänzlich verabschiedet. Also stand ihrem „Aufstieg", wie sie selbst es mit einem sarkastischen Unterton kommentierte, „von der Operndiva zur Hausfrau" nichts mehr im Weg.

Gemeinsam mit Verdi zog sie nach Busseto, einem Ort unweit seines Geburtsortes, in den „Palazzo Orlando", der im Volksmund schnell zum „Palazzo del Scandalo" wurde. Denn hier in Busseto, wo Verdi einst als Kind und Jugendlicher seine musikalische Ausbildung genoss und wo er schließlich die Tochter seines damaligen Mäzens ehelichte, die ihm zwei Kinder schenkte, die allesamt so dramatisch früh verstarben, hier in diesem italienischen Kaff mochte man es nicht gerne sehen, dass die Strepponi erstens mit Verdi nicht verheiratet war und zudem noch drei uneheliche Kinder hatte – und das obendrein von verschiedenen Vätern. Un scandalo! (Am Skandal änderte auch die Tatsache nichts, dass alle drei Kinder zur Adoption freigegeben worden waren.)

1851 flieht Verdi mit seiner Geliebten aus der provinziellen Enge der Kleinstadt ein paar Kilometer weiter auf ein Landgut in Sant'Agata, das er bereits 1848 gekauft hatte, um sich vom Rummel um seine Person zurückziehen zu können. Dieses Landgut sollte fortan, für gut fünfzig Jahre, der Lebensmittelpunkt Verdis und Peppinas sein: eine wunderschön in der Po-Ebene gelegene Villa mit einem Park und bei gutem Wetter mit Blick auf die Alpen. Ein Anwesen, das schlussendlich acht Quadratkilometer umfassen sollte.

Die Villa Sant'Agata war also kein kleines Landhäuschen mit Lustgarten. Es war ein bäuerliches Anwesen. Und Verdi scheint das Leben auf dem Land als Bauer mehr als genossen zu haben. Hier wühlte er sich mit dem Pflug durch das Erdreich seiner Äcker, hier legte er Gärten an, zog über die Vieh- und Gemüsemärkte der Region. Hier züchtete er Pferde, die internationalen Ruf genossen. Hier ließ er ein Bewässerungssystem anlegen, bewirtschaftete eigene Molkereien, eine Käserei, eine Mühle. Fünf Kutschen soll er sein Eigen genannt haben. (Ferrari gab's halt noch nicht. Porsche auch nicht.)

Bald arbeitete das halbe Dorf bei ihm. An die 200 Arbeiter sollen bei ihm Brot und Arbeit gefunden haben. Manchmal aber auch nur die fristlose Kündigung. Der Meister mit dem vollen Bart und dem breiten Hut war ja bekannt dafür, sehr grummelig zu sein. Nicht nur gegenüber seinen Landarbeitern. Auch seine Wutausbrüche an der Oper waren legendär. Der maestro di musica konnte Einmischung nicht ertragen: „Ich brauche meine Handlungsfreiheit, weil alle Menschen ein Recht darauf haben und weil meine rebellische Natur es mir verbietet, mich von anderen bestimmen zu lassen."

Und Sängerinnen? Gab es überhaupt gute? Also gut im Sinne von „seiner würdig"?

Geburtshaus von Giuseppe Verdi in Roncole bei Fidenza

Wohl kaum: „Die Cattaneo? Die Damerini? Holzklötze, unmöglich zur Darstellung dieser so poetischen Partie, einer zu poetischen für Fleischklumpen ohne Talent."

Doch Verdi konnte auch bestens gelaunt auftreten. Gästen seines Landgutes gegenüber allzumal. Da war er großzügig, bewirtete sie über viele Tage hinweg. Mit besten Weinen (er selbst bevorzugte Chianti aus der Toskana) und einer opulenten Küche. Alles was die Region an Gutem zu bieten hatte, tischte er auf. Mit Sicherheit den von ihm besonders geliebten Culatello di Zebello, einen köstlichen luftgetrockneten Schinken.

Essen und Kochen waren seine und vor allem auch die Leidenschaft von Peppina. Zu Verdis Leibspeisen zählten angeblich Spalla cotta (ein gekochter Schweinenacken mit gedünstetem Fenchel und Gemüseratatouille), Involtini all' emiliana (mit Ricotta gefüllte Kalbfleischröllchen), Tortelli d'erbetta und Tortelli di zucca (Teigtaschen mit Kräuter- bzw. Kürbisfüllung) sowie Cappelletti (Teigtaschen mit Parmesanfüllung). Peppina, die Verdi nach dreizehn Jahren wilder Ehe dann endlich doch noch heiratete, nannte ihren Maestro liebkosend nur „Pasticcio" (Pastete).

Die Spalla cotta oder eine Variante des Schweinenackens soll er sogar selbst erfunden haben. Auch eine bestimmte Zubereitungsart für einen Steinbutt, die er späterhin nach seiner bekanntesten Oper „Steinbutt Aida" benannte, soll das Ergebnis seiner Küchenexperimente in der Villa Sant'Agata gewesen sein.

So hätte es wohl bis ans Lebensende weitergehen können mit dem Opernkomponieren und dem Gästebewirten in der Villa Sant'Agata. Doch Verdi war kein Heiliger. Und bedauerlicherweise gab es damals noch die gute alte und üblicherweise praktizierte Sitte, sich große Rollen am besten auf der Besetzungscouch der Impresarios und Komponisten zu erschlafen. Und so legte sich Anfang der Siebzigerjahre eine blendend aussehende tschechische Operndiva namens Teresa Stolz zwischen die Eheleute Verdi – und zwar ziemlich direkt ins eheliche Gemach der Villa Sant'Agata.

Dafür war eine Frau wie Giuseppina Strepponi nicht zu haben. Für eine Ehe zu dritt war sie sich zu schade. Doch die Stolz war nicht nur neunzehn Jahre jünger als Giuseppina, sie sang auch noch die Aida. Und nicht nur die. Irgendwann sang sie überhaupt nur noch Verdi. Und Verdi ließ nicht mit sich reden: Er bestand auf dieser Ménage à trois. In der Villa Sant'Agata. Giuseppina stellte Verdi vor die Entscheidung: „Entweder sie oder ich!" Verdi konnte sich nicht entscheiden und tat, was man in solchen Fällen als Mann am besten immer tut: Er drohte, sich zu erschießen.

Die Beerdigung Giuseppe Verdis 1901 in Mailand hatte Ausmaße eines Staatsbegräbnisses.

Irgendwann hatte die Stolz dann ausgesungen und ging. Giuseppina blieb. Bei Verdi. Noch viele Jahre. Bis zum bitteren Ende. Das ereilte Giuseppina im Jahr 1897. Vier Jahre später folgte ihr der Maestro. Italien trug Trauer, Staatstrauer. Bei seiner Beerdigung säumten Zehntausende Menschen die Straßen. Ein Chor mit 900 Sängern stimmte unter der Leitung von Toscanini an Verdis Grab das gewaltige „Va', pensiero" an. Ganz große Oper!

Flieg, Gedanke, auf goldenen Schwingen! Das war's! Vorhang!

In Ihrer Küche jedoch hebt sich nun der Vorhang. Die Vorstellung beginnt: „Aida" schmettert aus der Musikanlage, der Steinbutt brutzelt im Ofen. Ein Fest für die Sinne. Italienisch. Nicht deutsch. Nicht Wagner. Verdi! Liegt nicht so schwer im Magen. Guten Appetit ...

Steinbutt Aida

Für 2 Personen

Für den Fisch:
2 Steinbuttfilets à 120–150 g,
   ohne Haut und Gräten
2 EL Öl
Salz

Für die Gratiniermasse:
125 ml Gemüsefond
30 g klein gewürfelte Kartoffeln
1 Lorbeerblatt
¼ Chilischote
¼ Knoblauchzehe und ein etwa
   gleich großes Stück Ingwer
2 EL Sahne
1 Msp. edelsüßes Paprikapulver
Salz
Cayennepfeffer
Muskatnuss, frisch gerieben
60 g geriebener Emmentaler

Für den Spinat:
250 g frischer Spinat
1 Schalotte
1 EL Butter
3 EL Weißwein
¼ l Gemüsefond
1 Streifen Zitronenschale
   (unbehandelt)
¼ Knoblauchzehe
Salz
Cayennepfeffer
Pfeffer, frisch gemahlen
Muskatnuss, frisch gerieben

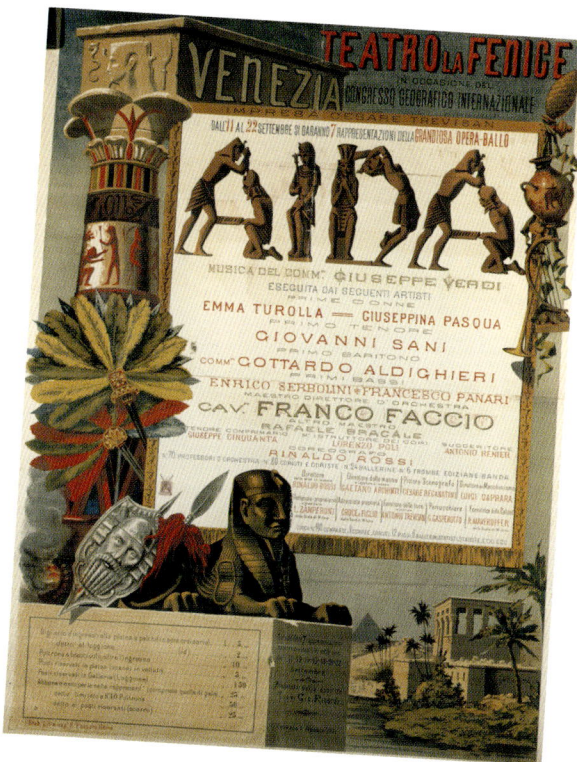

Den Fisch waschen, mit Küchenpapier trocken tupfen, auf einem Teller abgedeckt beiseitestellen. Backofengrill vorheizen.

Gratiniermasse: Die Kartoffelwürfel im Fond etwa 25 Minuten weich köcheln. Nach ca. 10 Minuten Lorbeer und Chili zufügen, nach weiteren 10 Minuten Knoblauch und Ingwer. Nach 25 Minuten Garzeit Lorbeer, Chili, Knoblauch und Ingwer entfernen. Die Kartoffeln mit dem Fond, Sahne und Paprika glatt pürieren. Mit Salz, Cayennepfeffer und Muskat abschmecken. Abkühlen lassen. Zum Schluss den Käse unterrühren.

Spinat: Den frischen Spinat gründlich waschen, die dickeren Stiele entfernen, abtropfen lassen. In Salzwasser 1 bis 2 Minuten blanchieren, anschließend mit sehr kaltem Wasser abschrecken. Abkühlen lassen, mit den Händen ausdrücken. Schalotte schälen und klein würfeln. In einer Pfanne ½ EL Butter zerlassen und die Schalotten glasig dünsten. Mit Wein ablöschen, etwas einkochen lassen, dann den Gemüsefond zugeben. Spinat mit Zitronenschale und Knoblauch zugeben, nach 2 bis 3 Minuten Zitronenschale und Knoblauch wieder entfernen. Restliche Butter zufügen, mit Salz, Cayennepfeffer, Pfeffer und Muskat würzen. Warm halten.

Fisch: Die Fischfilets salzen und in Öl in einer beschichteten Pfanne goldbraun anbraten. Dann auf ein geöltes Backblech legen, mit der Gratiniermasse bestreichen und unter dem Grill des Backofens auf der unteren Schiene goldbraun überbacken. Spinat auf vorgewärmten Tellern anrichten. Fischfilets daraufsetzen, servieren.

Elisabeth als junges
Mädchen, Porträt-
aufnahme von Franz
Hanfstaengl

Sisi und Franz Joseph I.

DAS WAR DIE KRÖNUNG:
EINE FETTE MEHLSPEISE
FÜR DIE DÜNNE KAISERIN

Langsam wurde es Zeit: Er war immerhin schon einige Jahre Kaiser, der fesche Franz Joseph I.

Im Jahr 1848 hatte man ihn achtzehnjährig auf den Thron Österreichs gesetzt. Kein einfaches Jahr. In Europa probte man allenthalben den republikanischen Aufstand. Libertäre Tendenzen machten sich im Volk breit. Man schickte sich selbst in Österreich an, am Gottesgnadentum Seiner Kaiserlichkeit zu sägen. Und auch außenpolitisch knisterte es mächtig. Da wurde es langsam Zeit, den Kaiser nach alter Adelsväter Sitte strategisch vorteilhaft zu verheiraten. Also ging man auf die Suche.

Das hätte eigentlich kein Problem sein dürfen. Sollte man meinen. Schließlich war Österreich eine europäische Großmacht und am Wiener Hof lief man nicht gerade in Lumpen einher. Zudem war Franz Joseph ein adrettes Kerlchen in seinem roten Uniformhöschen. Es wurde dann aber doch ein Problem.

Erst wollte man eine Prinzessin aus der zweiten Großmacht des Deutschen Bundes nach Wien ins kaiserliche Gemach locken. Hätte fein ausgesehen. Da hatte man aber die Rechnung ohne den Wirt gemacht. In Berlin nutzte man die Gelegenheit, den „Südstaatlern" eins auszuwischen, schob einen Riegel vor die angestrebte Vermählung und feierte die Absage als eine hübsche Niederlage des Konkurrenten. Eine Anwärterin aus Sachsen fiel auch durch. Gefiel ihm nicht. Vielleicht war's der Dialekt. Wer hält so was aus – als Wiener zumal?

Franz Josephs Mutter war's nunmehr leid, ihren „rothosigen Leutnant" wie sauer Bier anzubieten. Also fragte sie mal in der Familie nach, genauer bei ihrer Schwester. Das war die Ludovika von Bayern. Die kam immerhin aus dem Haus der Wittelsbacher, wenn auch nicht aus der königlichen, sondern nur aus der herzöglichen Linie, aber immerhin. Und die Schwester Ludovika hatte eine Tochter, die hieß Helene und war noch zu haben. Also verabredete man ein erstes Treffen im österreichischen Ischl (das damals noch kein Bad Ischl, sondern vor allem ein Knotenpunkt für die Salztransporte aus dem Salzkammergut war).

In Ischl ging dann aber so ziemlich alles schief. Helene reiste in völliger Hetze, von einem Trauerfall kommend, komplett in Schwarz und in entsprechender Stimmung an. Sehr attraktiv! Das fand auch Franz Joseph und ließ die traurige Helene links liegen, um sich der noch sehr jungen, recht hübschen und vor allem nicht in Schwarz angereisten Schwester von Helene zuzuwenden. Das war die damals fünfzehnjährige Elisabeth (1837–1898), unsere Sisi (die man erst im Kult um Romy Schneider und Karlheinz Böhm mit einem zweiten s in der Mitte versah). Die beiden schauten sich mehrfach tief in die Augen. Der Rest war eine Organisationsfrage. Und eine Menge Kitsch.

1854 bestieg Prinzessin Elisabeth in Linz ein blumengeschmücktes Schiff. Die blaue Donau hinab brachte es die hübsch ausstaffierte Cousine vom Franz bis nach Wien. Dortselbst wartete bereits der junge Kaiser ungeduldig auf seine Braut. Kaum hatte das Schiff angelegt, sprang der Vierundzwanzigjährige an Bord, um seine geliebte Sisi unter dem wohlwollenden Beifall aller Anwesenden stürmisch zu umarmen und zu liebkosen. Es war Liebe. Zweifellos. Die ganz große Liebe.

In einer Karosse aus Gold und Glas, gezogen von acht weißen Lipizzanern, denen man Silberbänder in ihre Mähnen und Schweife geflochten hatte, zog das Brautpaar durch die Stadt. Weiß gekleidete junge Mädchen bestreuten die Straßen mit blutroten Rosen. Sisi, mit einem glitzernden Diamantendiadem im dunklen, glänzenden Haar und einem dem Anlass angemessenen Traum von rosarotem, silberdurchwirktem Festkleid, weinte vor Glück. Das Volk jubelte ihr und dem feschen Franz Joseph zu. Sie zählte gerade sechzehn Jahre. Sie waren jung, sie waren schön. Ein Traumpaar.

In der Augustinerkirche legten Sisi und Franz Joseph im Schein von Tausenden Kerzen ihr feierliches Ehegelübde ab. Während sein bestimmtes „Ja" klar und hell durch den hohen Raum hallte, hauchte Sisi ihr Jawort leise, zart, fast schüchtern. An die

Zur Vermählung von Kaiser Franz Joseph I. und Elisabeth von Wittelsbach wurden zahlreiche Billetts für die Bevölkerung aufgelegt: „Du Rose hold, vom Garten Wittelsbach …"
Die Faltkarte von 1854 zeigt Elisabeth einmal als Knospe, einmal als aufgeblühte Rose.

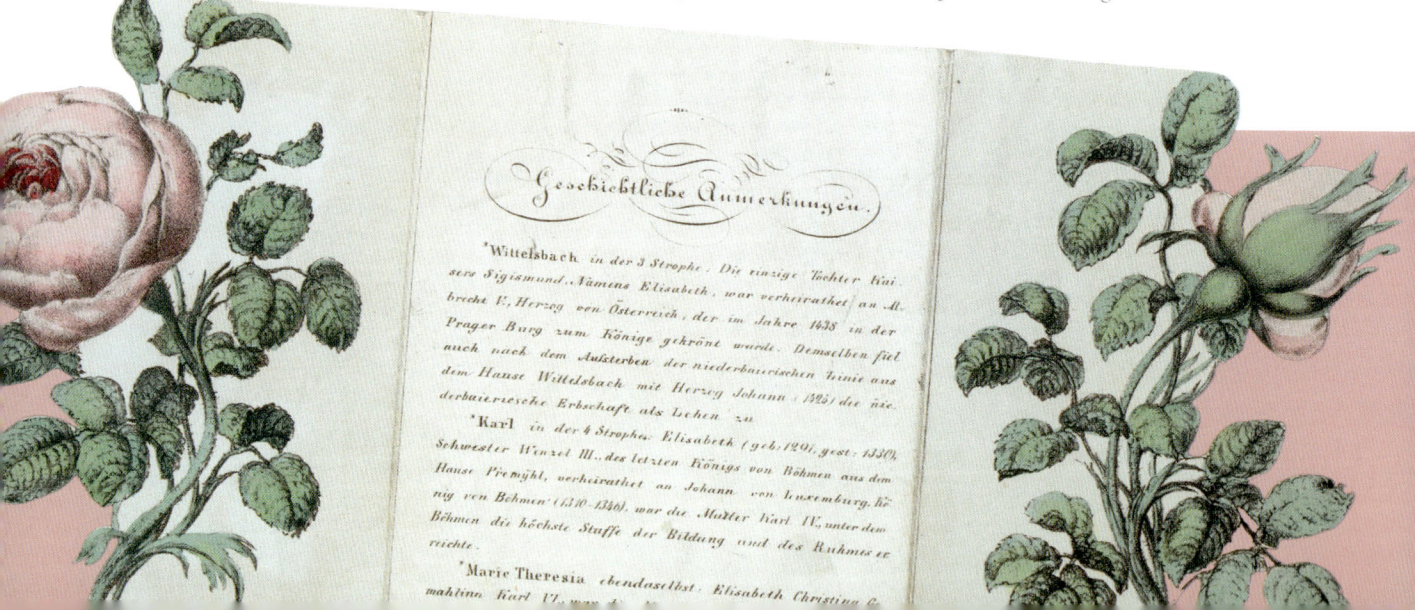

kirchliche Zeremonie schloss sich der offizielle Empfang des Hofs und des Diplomatischen Korps im Zeremoniensaal der Wiener Hofburg an. Dann zeigte sich das frisch vermählte Paar erneut dem Volk im offenen Wagen. Wien hatte Festschmuck angelegt. Überall bunte Lampions, winkende, lächelnde und singende Menschen, beleuchtete Transparente – eine Stadt im Rausch. Traumhochzeit. Kaiserwalzer.

In der Hofburg schließlich das Souper: Festlich gedeckte Tische mit Silberkandelabern, die vorzüglichsten Köstlichkeiten, die erlesensten Weine. Für die schöne Kaiserin hatten sich die Hofköche etwas ganz Besonderes einfallen lassen: eine Mehlspeise aus Eiern, Zucker, Milch, eingeweichten Rosinen, die in reichlich Butter gebacken, mit der Gabel in der Pfanne zerpflückt, noch einmal überbacken und mit Konfitüre gereicht wurde. Kaiserinschmarren.

Die Kaiserin, durchaus gerührt von der wohlgemeinten Ehrerbietung, lehnt jedoch dankend ab. Zu mächtig. Nicht gut für die Linie. Leichenblasse Köche, peinliches Schweigen. Sie war doch wirklich gelungen, die Mehlspeise. Was mochte Hochwohlgeboren bewogen haben, den Teller mit abschätziger Miene beiseitezuschieben? Dachte sie an die Anstrengungen der bevorstehenden Nacht in den kaiserlichen Schlafgemächern?

Der Kaiser nimmt sich der Angelegenheit an. Probiert eine Gabel, eine zweite. Entspannte Gesichter, Durchatmen. Es schmeckt, es schmeckt sogar sehr. Es schmeckt so sehr, dass er das Gericht zu seinem Leibgericht erklärt. Kaiserschmarren.

So soll der Legende nach der Kaiserschmarren in den Kanon der österreichischen Mehlspeisen aufgenommen worden sein. Spielverderber zweifeln natürlich an dieser hübschen Geschichte und behaupten, der Kaiserschmarren sei nichts weiter als eine irgendwann mit Rosinen aufgewertete Variante des einfachen Kaserschmarrens (ohne i), also einer Mehlspeise, die sich die Kaser (Käsehersteller) auf der Alm aus dem herstellten, was man halt auf einem Bauernhof an Grundnahrungsmitteln so zur Hand hat.

Als sei es ein böses Vorzeichen gewesen, dass die kaiserliche Mehlspeise bei Sisi keinen Anklang fand, verlief auch der Rest der Geschichte nicht wirklich gut. Sisi war nämlich zu gebildet, um in der oberflächlichen Tratsch-Kiste der Wiener Hofburg wirklich glücklich zu werden. Sie war interessiert an Literatur, Politik und Geschichte. Was aber keinen nachhaltigen Eindruck hinterließ, weil sie als Kaisergemahlin nicht zum Denken, sondern zum Repräsentieren eingestellt worden war. Ihr Gatte konnte mit den Neigungen seiner Frau nichts anfangen. Er liebte sie wohl, aber vor allem we-

Franz Joseph und Elisabeth auf der Jagd. Gemälde von Julius von Blaas

gen ihrer legendären Schönheit. Bald schon brach zwischen dem Traumpaar das große Schweigen aus.

Erschwerend für Sisis Stellung bei Hof kam hinzu, dass sich die Mutter vom Franz nicht die Butter vom Brot nehmen ließ. Sie galt als die heimliche Kaiserin, kümmerte sich auch um die Erziehung der insgesamt drei recht schnell hintereinander geborenen Kaiserkinder. Sisi machte es sich selbst aber auch nicht besonders leicht: Dass ausgerechnet sie als Kaiserin mit der Institution der Monarchie nicht sonderlich viel anfangen konnte, dass sie republikanischen Ideen nachhing, das Elend der Massen und den Prunk bei Hof beklagte und Heinrich Heine verehrte, das alles war wirklich nicht dazu angetan, sich in einer Bastion erzkonservativer und reaktionärster Geisteshaltung wohlzufühlen.

Also stahl sich Sisi, wann immer sich Gelegenheit bot, davon: nach Korfu, nach Ungarn, nach Madeira, wo auch immer sie ihre Ruhe vor dem offiziellen Hofzeremoniell hatte. Und wo sie vor allem nicht dem Gatten beiwohnen musste. Und wo sie sich von einer Vielzahl eingebildeter, vorgeschobener und tatsächlicher Krankheiten erholte.

Ob es eine Form der Kompensation darstellte, ob es der verzweifelte Versuch war, den sich zunehmend einstellenden Symptomen einer Depression etwas entgegenzusetzen – berühmt und berüchtigt war Sisi vor allem wegen ihres Schönheitskults und ihrer Sportbegeisterung. Sie tat alles, um ihr makelloses Äußeres, das man in ganz Europa bewunderte, zu erhalten.

So wurde sie zu einem vom eigenen Körperideal geknechteten Wesen, das sich um der schlanken Linie willen vorzugsweise von Blut, Rindsbouillon und Milch ernährte. Ihr Tagebuch war nichts weiter als ein Wiegejournal. Zeitlebens bezog sie ihr Selbstbewusstsein allein aus dieser allenthalben gepriesenen und gefeierten Schönheit. Und die suchte sie durch Hungerkuren und exzessiven Sport – Wandern, Reiten, Turnen – verzweifelt bis ins Alter zu konservieren. Bei einer Größe von 1,72 Metern wog sie gerade einmal 50 Kilogramm, ihr Taillenumfang betrug unglaubliche 50 Zentimeter. Ihre Haare wuchsen ihr schließlich bis zu den Fersen und mussten bisweilen mit Bändern aufgehängt werden, um den Kopf zu entlasten.

Schön zu sein, ist das eine. Mit zunehmendem Alter schön zu bleiben, das andere. Irgendwann helfen auch noch so verzweifelte und noch so zwanghafte Versuche nicht mehr, die optischen Insignien des Alters zu kaschieren. Und dafür gab es trotz aller Vorsichtsmaßnahmen auch noch Zeugen. Wenngleich nicht viele. Aber immerhin: 1897, ein Jahr vor Sisis Tod, begegnet ihr in einem Hotel am Genfer See ein kleines Geschwisterpaar. Weil keine Erwachsenen in der Nähe waren, versteckte sich die Kaiserin ausnahmsweise nicht hinter ihrem berühmten Fächer, sondern nahm die Ehrerbietungen der Kinder mit offenem Visier entgegen. Was die Kleinen in tiefste Verwirrung stürzte, weil sie nicht in das ikonenhafte und viel gepriesene schöne Antlitz der Sisi blickten, sondern in ein uraltes Gesicht voller Runzeln.

Ein Jahr später in Ischl, 1898, im Jahr ihres Todes, beobachtet die spätere Schauspielerin Rosa Retty, wie Sisi mit einer Hofdame in einem Landgasthof unbehelligt im Garten sitzt. Als die Begleiterin Ihrer Majestät für einen Moment den Tisch verließ, schaute Sisi einen kurzen Moment vor sich hin, um dann mit der linken Hand nach ihrem Gebiss zu greifen, es herauszunehmen und mit einem Glas Wasser zu spülen. Das aber mit graziöser Nonchalance, wie die junge Rosa Retty, die Großmutter von Romy Schneider (Menetekel, Menetekel!), glaubhaft versicherte.

Der Zahn der Zeit hatte also heftigst an Ihrer Kaiserlichen Majestät Antlitz genagt, das Alter hatte ihr die Schönheit genommen. Ein verwirrter Anarchist nahm ihr schließlich auch noch das Leben. Er rammte ihr in Genf vor dem Hotel Beau Rivage sein Messer zwischen die Rippen. Dabei war Sisi noch nicht einmal erste Wahl. Eigentlich wollte der Meuchelmörder den Herzog von Orleans ermorden. Den fand er aber nicht. Da kam ihm Sisi gerade recht. Und so hauchte die einstmals schönste Kaiserin des 19. Jahrhunderts ihr Leben auf neutralem Boden aus.

Den Untergang der österreichischen Monarchie als Folge des Ersten Weltkrieges, in den ihr Gatte Österreich mit stolzgeschwellter Brust geführt hatte, erlebte sie nicht mehr. Prophezeit hatte sie das Ende dieser Institution immerhin und damit mehr Weitsicht bewiesen als die meisten ihres Standes.

Und der kaiserliche Schmarren ist natürlich auch längst demokratisiert und sozialisiert. Eine solche Köstlichkeit, die zudem aus solch einfachen Zutaten besteht, kann man dem Volk nicht lange vorenthalten. Also schlagen wir die Eier in die Schüssel und feiern die erkämpfte Teilhabe des österreichischen Volkes am politischen Geschehen mit einem kaiserlichen Genuss.

Begräbnis von Kaiserin Elisabeth am 17. September 1898. Der Sarg wird gemäß der Bestattungszeremonie in die Wiener Kaisergruft getragen.

Kaiser(in)schmarren

Für 2 bis 3 Portionen

30 g Rosinen
1 EL Rum
¼ l Milch
4 Eigelb
½ EL Vanillezucker
120 g Mehl
4 Eiweiß
3 EL Zucker
1 Prise Salz
ca. 50 g Butter zum Backen
grober Zucker zum Bestreuen

Franz Joseph und Elisabeth beim Frühstück im kaiserlichen Salon der Wiener Hofburg. Zeitungsholzstich nach Zeichnung von Theo Zasche, um 1890

Rosinen im Rum einige Stunden marinieren. Den Backofen auf 200 °C vorheizen. Milch, Eigelb, Vanillezucker und Mehl glatt rühren. Eiweiß, Zucker und Salz steif schlagen und anschließend unter den Teig heben.

In einer backofentauglichen Pfanne die Butter erhitzen, bis sie beginnt, eine braune Farbe anzunehmen. Den Teig in die Pfanne einlaufen lassen, Rosinen darüberstreuen, anbacken lassen, wenden, anschließend in den Ofen stellen und ca. 8 Minuten fertig backen. Pfanne herausnehmen, den Schmarren mit zwei Gabeln in Stücke rupfen, mit grobem Zucker großzügig bestreuen, noch einmal im Ofen kurz bräunen, auf Tellern anrichten und mit Puderzucker bestreuen.

Jéanne du Barry
und Ludwig XV.

EINE KURZE ROMANZE MIT EINEM BÖSEN ENDE

Das musste nun bald ein Ende haben.
So ging das nicht weiter.
Seine Majestät, Ludwig XV. (1710–1774),
versank ja geradezu in Depressionen.

Nachdem man seine Mätresse, sein großes Lebensglück, die Marquise de Pompadour (siehe S. 22), 1764 zu Grabe getragen hatte, war mit Seiner Hoheit nichts mehr anzufangen. Alle Fröhlichkeit, die zuvor Versailles beherrscht hatte, war einer morbiden Untergangsstimmung gewichen.

Dass ein Jahr nach seiner Maîtresse en titre auch noch sein Sohn Louis Stanislas das Zeitliche gesegnet hatte, trug auch nicht gerade dazu bei, dass sich Seiner Majestät Stimmung hob. Und als wenn das alles nicht genug gewesen wäre, hatte sich 1768 schließlich auch noch seine Gattin Maria ins Himmelreich aufgemacht.

Der Verlust der Gattin war sicher der noch am ehesten zu verwindende Schmerz. Die Polin hatte sich die letzten Jahre gänzlich in ihre Gemächer zurückgezogen. Nach zehn Geburten war auch der eheliche Verkehr vollständig zum Erliegen gekommen. Die Königin frömmelte seither vor sich hin und spielte die Hof-Matrone. Das war natürlich nichts für so einen Hirsch, wie der neunundfünfzigjährige Ludwig noch einer war.

Was ihm fehlte, war ganz offenkundig ein neue, junge Mätresse. Eine, die in der Lage war, ihn mit allerlei Scherzen aufzumuntern, die ihn aufs Abwechslungsreichste zu unterhalten verstand. Wie dereinst die Pompadour! Die den königlichen Hirsch zudem mit Fantasie im Bett zu nehmen verstand, mit sexuellem Einfallsreichtum zu überraschen wusste. Doch weit und breit war niemand derartigen Kalibers in Sicht.

Stattdessen schlüpfte die Herzogin von Gramont unter Seiner Majestät Decke. Mon dieu, die Frau war über vierzig! Hatte sich nachts in sein Schlafgemach geschlichen und Ludwig, den Hirsch, der es gewohnt war, sich in seinem Hirschpark (siehe S. 32) mit Minderjährigen zu vergnügen, geradezu vergewaltigt. Ein Knochengestell war das, eine alte Hippe. Hatte den königlichen Weichteilen blaue Flecken zugefügt. Der König echauffierte sich hernach heftigst gegenüber einem Vertrauten über diesen unerhörten Nachhilfeunterricht in Sachen Osteologie.

Und dann, ganz unverhofft – unten im Schlosshof –, diese entzückende Erscheinung, dieser leuchtende Stern. Wer war das? Wer war dieses zauberhafte Mädchen, das da offenkundig mit seiner Mutter um eine Audienz beim Hof-Intendanten vorsprach? Ganz reizend, die Kleine. Da müsste sich doch was machen lassen. Er war schließlich König, also der Platzhirsch in Versailles. Der Kammerdiener sollte da mal ganz schnell nachfragen, wer dieses junge hübsche Ding da sei. Dass dieses anmutige Geschöpf ihm ausgerechnet jetzt über den Weg lief, quelle chance, das musste eine Fügung des Schicksals sein!

Das anmutige Geschöpf hieß Marie Jéanne Bécu. Und dass sie ausgerechnet jetzt Seiner Hoheit über den Weg lief, hatte weniger mit dem Schicksal als vielmehr mit Berechnung zu tun. Diese hatte der Graf Jean du Barry angestellt, ein Abenteurer und Spieler aus dem Languedoc, der zwar reich nach Paris eingeheiratet hatte, dessen Reichtum aber an den Spieltischen der Hauptstadt zerfloss wie Butter in der Sonne.

Es musste also etwas geschehen. Die Not am Hof hatte sich bis zu ihm herumgesprochen, und da war dem Grafen die Idee gekommen, sich vielleicht als gut bezahlter Kuppler für den König anzubieten. Also hatte er den Kammerdiener Seiner Majestät angesprochen, ob man da nicht was arrangieren könnte, er hätte nämlich etwas ganz

Besonderes gegen die Depression Seiner Majestät. Der Kammerdiener zeigte sich ob der schwermütigen Stimmung in seinem Zuständigkeitsbereich bei Hof höchst interessiert, und so kam es zu jener „schicksalhaften" Fügung im Schlosshof.

Marie Jéanne war zu jener Zeit so etwas wie eine Geliebte des Grafen du Barry, dessen Frau sich längst in die Provinz aus dem Staub gemacht hatte. Doch als Kurtisane stand Marie Jéanne auch durchaus all jenen hohen Herren zu Diensten, die im Salon des Grafen du Barry ein und aus gingen, um zu spielen oder sich auch anders zu vergnügen. Dass Marie Jéanne ausgerechnet hier gelandet war, hatte etwas mit ihrem Talent fürs Erotische zu tun. Wenngleich ihr Werdegang bis hierher nicht geradlinig verlaufen war, denn zunächst einmal war sie eigentlich in besten Händen gewesen: nämlich in denen der Kirche.

1743 war sie in Lothringen als uneheliche Tochter einer Näherin und (wahrscheinlich) eines Klosterbruders („Frere Ange", Bruder Engel) geboren worden. Ihre Mutter ging mit ihr nach Paris, wo sie zunächst eine Klosterschule besuchte und von Nonnen (!) erzogen wurde. Die gelehrige Schülerin verließ als Fünfzehnjährige die Klosterschule und trat auf Vermittlung eines Freundes der Mutter eine Stelle als Gesellschafterin bei einer reichen Witwe an.

Und hier zeichnete sich erstmals ihre schicksalhafte Neigung fürs Amouröse ab, die sie schließlich bis an den königlichen Hof tragen sollte.

Über Jahrhunderte hält sich der Ruf der fidelen Mätresse. Darstellung von G. Sieben aus dem Jahr 1909

Die Stelle als Gesellschafterin musste sie nämlich aufgeben, weil sie es mit Nachdruck auf Affären mit allen verheirateten Söhnen ihrer Arbeitgeberin angelegt hatte.

Es folgte eine Anstellung in dem angesehenen Modegeschäft des Monsieur Labille, bis sie schließlich nach einigem Hin und Her im Etablissement der Madame Gourdan landete. Und um der Wahrheit die Ehre zu geben, nennen wir die Dinge beim Namen: Das „Etablissement" war ein Puff, und Madame Gourdan war eine der berühmtesten Puffmütter der Stadt, bei der alles ein und aus ging, was Rang, Namen und unbändige Lust hatte. Auch einen Vertrieb für Sexspielzeug jedweder Art betrieb die rührige Madame, bediente damit besonders eine lesbische Klientel und – der Kreis schließt sich – Nonnen und Äbtissinnen, die sich mit den lebensechten und vielgestaltigen Dildos von Madame eine Freude im grauen Klosteralltag zu bereiten wussten.

Als „Mademoiselle Lange" machte sich Marie Jéanne hier einen vorzüglichen Namen. Hier lernte sie vermutlich auch den Grafen du Barry kennen, der sie schließlich bei sich aufnahm und in seinem Salon weiteren Herren ans Herz und an die Brieftasche legte. Schnell erkannte der Graf, dass dieses Mädchen zu Höherem befähigt war. Und so investierte er in Kleidung und Schmuck, damit sie schön was hermachte, wenn der König sie begutachtete.

Das tat der König ausführlichst, vor allem bei einer Tätigkeit, zu der Marie Jéanne sich ihrer Kleidung sorgsam entledigt hatte. Und der König war ganz hin und weg von ihren Fähigkeiten, die sie zweifellos bei Madame Gourdan gelernt hatte. Also zog sie in Versailles ein, wurde – um die bürgerliche Herkunft zu verschleiern – mit dem ledigen Bruder des Grafen du Barry verheiratet, der sich mit dem Erlös für seine Dienste nach der Heirat schnellstens in den Süden absetzte. Dann wurde sie offiziell bei Hof eingeführt und auf Geheiß des Königs zur Maitresse du Roi ausgerufen. Und damit sie auch ein Dach über dem Kopf hatte, schenkte ihr der König das Schloss Louveciennes bei Saint-Germain.

Allen am Hof entfesselten Intrigen gegen die Gräfin du Barry zum Trotz stand der König felsenfest zu seiner neuen Errungenschaft. Die Depressionen lösten sich in Wohlgefallen auf, der König wirkte zunehmend gelöster und fröhlicher. An der Seite seiner neuen Mätresse fand er tatsächlich wieder Gefallen am Leben. Sogar die ursprünglich mit der Pompadour begründete Tradition, mit seiner Mätresse kleine Soupers gemeinsam zuzubereiten und zu verspeisen, ließ er wieder aufleben. Und zum Glück schien die du Barry nicht nur im Schlafgemach über außergewöhnliche Talente zu verfügen, sondern auch in der Küche. Wie die beiden jedoch ausgerechnet auf Blumenkohl als Gegenstand ihrer kulinarischen Leidenschaft verfallen konnten, bleibt ein Rätsel.

Das Ergebnis dieser recht bodenständigen Leidenschaft für den chou-fleur ist jedenfalls eine Flut von Rezepten, die sich allesamt dadurch auszeichnen, dass Blumenkohl ein Bestandteil der Rezeptliste ist und „(à la) du Barry" ein Bestandteil des Namens. Ob Suppen, Aufläufe oder pochierte Eier, ob Filet oder Kalbskotelett oder gefüllte Artischockenböden – Blumenkohl ist immer dabei und bisweilen durchaus raffiniert zubereitet, was mit dem kleinen Stinker auch nicht immer einfach ist.

Das gemeinsame Blumenkohl-Glück währte jedoch nicht allzu lange. Rousseau hatte mit seiner neuen Naturphilosophie der übersättigten Gesellschaft des Rokoko einen neuen Kultus an die Hand gegeben, der begeistert aufgenommen wurde. „Zurück zur Natur" war die Devise. Und genau da gingen neuerdings alle hin, raus in den Wald, aufs Feld und auf die Wiese. Auch der König. Das allerdings hätte er besser mal gelassen. Als er mit der du Barry spazieren ging und vor lauter Begeisterung über die einfache Natürlichkeit einer Kuhmagd dieselbe zum Souper einlud, steckte er sich bei ihr an und starb wenige Tage später an den Pocken.

Der Enkel Ludwigs XV., Ludwig XVI., und seine Gemahlin Marie Antoinette verachteten die du Barry, jagten sie zunächst vom Hof in ein Kloster (sic!). Nach zwei Jahren durfte sie in einem Gnadenakt wieder zurückkehren in ihr Schloss bei Saint-Germain, wo sie sich den Herzog von Brissac für fast zehn Jahre zum Geliebten und Beschützer auserwählte. Den Kopf ihres Geliebten trugen ihr dann 1792 revolutionäre Horden auf einer Lanze aufgespießt nach Hause. Er hatte im Auftrag des Königs versucht, gegen die Revolution militärisch vorzugehen.

Und schließlich gerät auch die du Barry selbst in die blutigen Mühlen des revolutionären Terrors. Und das, obschon sie beim Volk sehr beliebt war. Als Mätresse hatte sie sich mehrfach als ausgesprochen wohltätig erwiesen. Hatte sich immer wieder für zum Tode verurteilte Delinquenten aus dem untersten Stand, die sich kleinster Vergehen schuldig gemacht hatten, beim König starkgemacht. Während der revolutionären Wirren verkaufte sie kostbare Teile des Interieurs aus ihrem Schloss, um mit dem Erlös der armen Dorfbevölkerung zu helfen. Schließlich wurde sie von zwei Dienern bestohlen, die sie umgehend entließ. Aber nicht wegen des Diebstahls, sondern weil sie ihr Diebesgut nicht an die Armen weitergegeben hatten.

Und eben diese Diener zeigten aus Rachsucht die „Royalistin" nun bei den revolutionären Tribunalen an. Es begann der verzweifelte Kampf, dem Tribunal ihre Unschuld zu beweisen. Doch es half alles nichts: Sie wurde verurteilt wegen ihrer Prunksucht bei Hof, was keinen wirklich einfallsreichen Vorwurf darstellte, und wegen Verschwörung, weil sie kurzzeitig im englischen Exil französischen Exilanten geholfen hatte.

Doch ihren Kopf bekamen die Handlanger vom Wohlfahrtsausschuss, bekam der Henker nicht gar so geräuschlos wie kurz zuvor den von Marie Antoinette oder von Ludwig XVI. Die Gräfin du Barry wehrte sich bis zum Schluss, tapfer, mutig, schlagend, kratzend und beißend, auch jämmerlich um Gnade winselnd. Auf dem Weg zum Schafott konnten die Henkersknechte sie nur mit gröbster Gewalt in Schach halten, fünf Kerle waren dazu nötig. Als man sie endlich auf das Blutgerüst gebracht hatte, zerriss sie ihre Fesseln, wollte fliehen.

Henri Sanson, der Oberhenker von Paris, erinnerte sich in seinen berühmten Memoiren ihrer Hinrichtung mit Grauen. Er beschrieb die Mühen seiner Gehilfen, die fünfzigjährige, mittlerweile füllige und kräftige Frau, diese „fette, rasende Megäre", zu bändigen. Sie ließ sich den kurz geschorenen Schädel einfach nicht vom Kopf schlagen, man musste die du Barry geradezu in Stücke hauen.

Das ansonsten vor Begeisterung rasende „Volk", das sonst jeden Delinquenten mit Hohngelächter empfing und jeden rollenden Kopf mit triumphalem Gejaule beklatschte, schwieg betroffen angesichts der dramatischen Szenen bei der Hinrichtung der ehemaligen Mätresse des Königs.

Wenn sich alle Delinquenten so aufgeführt hätten wie die du Barry, wär's wohl bald vorbei gewesen mit der Tobsucht der Revolution, mit dem Terror der Tugend und der blutigen Herrschaft durch das Schafott. Da war sich ihr Henker sicher. Ein solches Schauspiel hätten weder die Scharfrichter noch die Voyeure der blutigen Spektakel am Schafott auf Dauer ausgehalten.

Nicht gar so blutig wie ihre Hinrichtung sollte man das Filet à la du Barry zubereiten. Aber zartrosa darf's schon sein. Und denken Sie dabei an ihre besseren Zeiten: bei Hof an der Seite des Königs. Denken Sie nicht an ihren Henker!

Filet à la du Barry mit Mornaysauce

Für 2 Personen

½ kleiner Blumenkohl
250 ml Wasser
1 Prise Zucker
Muskatnuss, frisch gerieben

350–400 g Rinderfilet
50 g geräucherter Speck
Salz
weißer Pfeffer, frisch gemahlen
20 g Öl oder Butter
100 ml Weißwein
Butter oder Öl zum Einfetten

Für die Mornaysauce:
125 ml Milch
50 ml Rinderfond
Salz
Muskatnuss, frisch gemahlen
½ EL Speisestärke
1 Eigelb
1 ½ EL Wasser
50 g geriebener Schweizer Emmentaler

Fest, das Madame du Barry am 2. September 1771 für ihren Ludwig gab.
Anlass war die Einweihung ihres Gartenhauses in Louveciennes.

Häusliches Idyll:
Ludwig und
Madame du Barry
mit Familienhund.
Radierung, 1851

Blumenkohl putzen, in Röschen teilen und waschen. In Salzwasser kochen, eine Prise Zucker und etwas Muskat dazugeben. Die Röschen ca. 10 Minuten garen. Abtropfen lassen.

Für die Mornaysauce die Milch mit dem Rinderfond aufkochen. Salzen, eine Prise Muskat zugeben. Speisestärke mit Eigelb und Wasser verquirlen. Die Sauce damit binden, kurz aufkochen lassen, vom Herd nehmen, kurz abkühlen lassen, dann den Käse einrühren.

Backofen auf 220 °C vorheizen. Rinderfilet waschen, mit Küchenpapier trocken tupfen. Speck in ½ cm schmale Streifen schneiden und das Fleisch damit rundherum spicken. Zurückhaltend salzen und pfeffern.

Öl in einer Pfanne erhitzen, Filet darin auf jeder Seite ca. 1 bis 2 Minuten scharf anbraten, dann auf jeder Seite weitere 4 bis 6 Minuten garen. Währenddessen den Weißwein angießen und einkochen lassen. Eine feuerfeste Form mit Butter einfetten. Filet in die Mitte legen, die Blumenkohlröschen darum herum verteilen, die Mornaysauce darüber verteilen. Im Ofen ca. 8 Minuten überbacken.

Dazu passen kleine junge gekochte Kartoffeln, die man in der Pfanne in Butter etwas anbrät und mit grobem Meersalz bestreut.

Crème du Barry

Für 2 Personen

½ Blumenkohl
120 g Kartoffeln
1 EL Butter
½ l Gemüsefond
Muskatblüte (Macis)
4 EL Sahne
etwas Zitronensaft
Muskatnuss, frisch gerieben
Salz, schwarzer Pfeffer (frisch gemahlen)
Petersilie, fein gehackt

Blumenkohl putzen, in Röschen zerteilen und waschen. Einige kleine Röschen beiseitelegen. Die Kartoffeln schälen und klein würfeln. Die Butter in einem Topf zerlassen, die Blumenkohlröschen und die Kartoffeln darin kurz anbraten. Mit dem Fond aufgießen, etwas Macis zufügen. Zugedeckt weich kochen.

Unterdessen die beiseitegelegten Blumenkohlröschen in Salzwasser garen. Die Suppe pürieren, Sahne und einen Spritzer Zitronensaft hinzufügen. Mit Muskatnuss, Salz und Pfeffer abschmecken. Mit der gehackten Petersilie und den Blumenkohlröschen servieren.

Madame du Barry mit Blumengirlande.
Gemälde von François Hubert Drouais

Elisabeth von Bayern und Karl VI.

BAYERNS SÜSSER BEITRAG ZUR FRANZÖSISCHEN GESCHICHTE

Irgendwann stellte sich die Frage: Wem sollte man das Kind nun anvertrauen?

Elisabeth war schließlich nicht die Tochter von irgendwem! Ihr Vater, Herzog Stefan III. von Bayern (ca. 1337–1413), war immerhin ein Wittelsbacher! Gut, die Wittelsbacher waren auch nicht mehr das, was sie mal waren, seitdem das Geschlecht der Luxemburger den Kaiser stellte. Aber die Wittelsbacher hatten immer noch politisches Gewicht. Und die Tochter von Stefan hatte, über ihre Herkunft hinaus, auch sonst für einen zukünftigen Gatten einiges zu bieten! Elisabeth von Bayern (ca. 1370–1435) war ein sorgfältig und bestens ausgebildetes junges und zudem sehr hübsches Mädchen.

An ihrem attraktiven Äußeren war maßgeblich die Mutter beteiligt. Von der kam eine gewisse mediterrane Rassigkeit, denn ihre Mutter war eine Visconti, Tochter des Mailänder Herrschers Barnabas Visconti, den man gerne als ausgesprochen blutrünstig beschreibt und von manischer Sexuallust getrieben. Von ihrer Mutter hatte Elisabeth den Charme, die Leidenschaft, die Sinnlichkeit, das Temperament, das volle Haar und die majestätische Nase. Von ihrem Vater die kurzen Beine.

Also, wem sollte man das gute Kind nun anvertrauen? Ihr Vater wollte sie eigentlich treudeutsch verheiraten. Mit irgendeinem Fürsten. Da würde sich schon was Stattliches finden lassen. Doch ihr Onkel hatte Größeres mit ihr vor. Die Franzosen hatten Kontakt mit ihm aufgenommen. Sie hätten da einen recht hübschen Thronfolger, Karl VI. (1368 – 1422). Der sei zwar noch nicht so weit, aber das sei nicht mehr so lange hin.

Dass die Franzosen bei den Wittelsbachern anklopften, hatte Gründe: Die Franzosen waren nämlich auf Suche nach einem Verbündeten. In Frankreich waren seit 1337 harte Zeiten angebrochen, denn die Engländer hatten genealogische Ansprüche auf den französischen Thron erhoben und gedachten diese auch durchzusetzen – und zwar militärisch. Wogegen sich Frankreich zur Wehr setzte, auch militärisch. Und wenn man gegen England in die Schlacht zieht, sind Verbündete eine echte Hilfe. Beim deutschen Kaiser waren die Franzosen mit ihrem Begehr bereits abgeblitzt, es gab da gewisse Sympathien des Kaisersohnes für die Engländer. Also wandten sich die Franzosen an das andere deutsche Herrschergeschlecht von Rang: die Wittelsbacher.

Seine Tochter an einen Königshof abzutreten, war natürlich nicht schlecht. Das sah auch der Vater von Elisabeth irgendwann ein. Also gut, sollte sie nach Frankreich fahren und sich begutachten lassen. Aber eins, da sollten sich alle Beteiligten drüber im Klaren sein, eins würde es nicht geben: Die Tochter begutachten und vor aller europäischen Augen mit großem Tamtam wieder zurückschicken, weil man sie vielleicht als nicht schön genug, nicht gebildet genug oder als nicht gebärfähig genug befinden würde – das käme garantiert nicht in die Tüte. Also tarnte man die Reise Elisabeths nach Frankreich als eine Wallfahrt.

Das war relativ unauffällig, und da konnte man eher beiläufig ein Treffen zum Beschnuppern arrangieren. Mal schauen, was draus werden würde.

Krönung Karls VI. in Reims am 4. November 1380.
Französische Buchmalerei, Paris, um 1380

Das Königspaar war keiner Unterhaltung abgeneigt: Christine de Pizan, die erste französische Schriftstellerin, die von ihrem Beruf leben konnte, präsentiert Elisabeth bei Hof ihr Buch.

Es wurde was draus! Es wurde sogar was ganz Aufregendes draus! Als die blutjunge fünfzehnjährige Elisabeth 1385 dem nicht minder blutjungen siebzehnjährigen Karl im bischöflichen Palais in Amiens vorgestellt wurde, rauschten bei den beiden alle Sicherungen raus. Das war's! Liebe auf den ersten Blick. Ein Chronist schrieb: „Als sie vor ihm war, kniete sie nieder ... Der König ging auf sie zu, nahm sie an der Hand und zog sie hoch. Liebe umfing sein Herz, denn er sah, dass sie jung und schön war; und er begehrte sie zur Frau zu nehmen."

Ihr ging es wohl nicht viel anders. Dieser Karl war aber auch ein schnuckeliges Kerlchen: weiches, blondes, schulterlanges Haar, stark, sportlich, gut gebaut, gutmütig und vor allem großzügig. Ein bisschen gebildeter hätte er wohl sein können, aber gut, man kann nicht alles haben.

Karl hatte es eilig. Er wollte dieses Mädchen ehelichen. Und zwar sofort. Und Karls Wort hatte naturgemäß Gewicht, er war zwar jung, aber immerhin König, wenn auch noch unter Vormundschaft. Also nahmen sich die französischen Hofdamen flugs der bayerischen Elisabeth an und untersuchten sie auf ihre Gebärfähigkeit hin – am nackten Objekt. Als sie für fähig befunden wurde, einen Thronfolger auszutragen, wurde eine Blitzheirat arrangiert. Der Hofstaat hatte kaum Zeit, sich umzuziehen, da waren die beiden auch schon getraut.

Die Geschwindigkeit des Unternehmens war schon ungewöhnlich! Aber noch viel ungewöhnlicher für Angehörige ihres Standes war die Tatsache, dass es sich offenkundig nicht allein um eine der üblichen politisch-taktischen Zweckhochzeiten handelte, sondern um eine echte Liebesheirat. Umso heftiger flitterten sich die beiden durchs königliche Gemach. Nunmehr war also auch die körperliche Liebe hell entbrannt. Doch selbst Letzteres hielt den frisch vermählten Karl nicht davon ab, nach vier Tagen des Vergnügens nach Flandern auszurücken. Flittern ist zwar schön, aber Könige haben sich auch ums Wohl des Vaterlandes zu kümmern.

Es folgten Jahre großen Glücks. Isabeau, wie man Elisabeth nun nannte, lebte im königlichen Schloss von Vincennes, inmitten eines weitläufigen Waldgebietes, ein Schlösschen umsäumt von bunten Blumenbeeten, die sie so sehr liebte. Und beide hatten vor allem ein gemeinsames großes Interesse: kräftig feiern. Tanzvergnügen, turbulente Bankette, fröhliche Bälle – keinen Anlass zur Feier ließ man aus. Karl musste zwischendurch zwar immer mal wieder ein bisschen Krieg führen. Dann aber kam er

Erster Anfall von Wahnsinn: Karl VI. erschrickt vor einer schrecklichen Gestalt,
die ihm am Wegesrand erscheint. Farblithografie, um 1890

wieder nach Hause, und dann wurde wieder kräftig gefeiert. Viel Essen, viel Trinken,
Musik und Tanz und mehr.

1388 entreißt Karl die Zügel der Regentschaft seiner Vormundschaft und nimmt sie
selbst in die Hand. Ein Jahr später lässt er in Paris seiner angebeteten Isabeau zur Ehre
das wohl spektakulärste Fest inszenieren, die man bis dahin je gesehen hatte. Schließlich hatte man ja damals die Hochzeit gar nicht richtig feiern können. Ging ja alles
so schnell. Dafür jetzt aber eine Krönungsinzenierung mit Dschingderassabum, mit
Gottesdienst und Mysterienspielen, mit Turnier und Krönung und Salbung und allem
Zipp und Zapp. Und natürlich mit Tausenden Gästen.

Vermutlich zur kulinarischen Bereicherung irgendeiner dieser zahlreichen Ausschweifungen hatte sich Isabeau, die dem leiblichen Wohl und der Verfeinerung der
kulinarischen Genüsse durchaus zugetan war, auch darangemacht, eine neue Nachspeise zu erfinden. Das Ergebnis war wohl das Urrezept der Crème bavaroise, der

weltberühmten Bayerischen Creme. Wir wissen nicht, welche Zutaten seinerzeit genau zum Einsatz kamen. Ob zum Beispiel schon feinste Vanille auf der Einkaufsliste der Hofköche stand, ist eher fraglich. Aber es wird wohl auch damals schon ein königlicher Genuss gewesen sein, den die bayerische Elisabeth und ihr Karl sich auf der Zunge haben zergehen lassen.

Altbayrisch-bodenständig und krachledern-bäurisch schimpft sich die Crème bavaroise auch Rahmsulz. Vielleicht hatte Elisabeth das Urrezept der Rahmsulz einfach nur aus Bayern mitgebracht. Man weiß es nicht wirklich. Egal: Vom französischen Königshof aus hat diese Nachspeise seither einen Siegeszug sondergleichen angetreten – mit unzähligen Varianten.

Sieben Jahre des Glücks waren den beiden beschieden. Jahre, in denen man auch die ersten Kinderfreuden verzeichnen durfte. (Während ihrer gesamten Ehe war die bayerische Isabeau zwölfmal schwanger, achtmal allerdings musste sie die Nachkommenschaft zu Grabe tragen.) Nach sieben Jahren war dann allerdings Feierabend mit dem großen Glück. Denn der Franzosen-Karl war zwar ein drahtiges und durchtrainiertes Kerlchen, aber leider war er auch ein bisschen geisteskrank. So geisteskrank, dass er hin und wieder die eigenen Leute erschlug. Insgesamt vierundvierzig solcher Anfälle von Wahnsinn bemächtigten sich Seiner Majestät und machten ihn über weite Phasen komplett regierungsunfähig.

Später erkannte er selbst seine eigene Frau nicht mehr. Einem Chronisten zufolge litt Isabeau unter diesen Anfällen im wahrsten Sinne des Wortes unbeschreiblich: „Ich könnte unmöglich sagen, wie tief der Schmerz war, den die erlauchte Königin Isabeau ob der Verfassung des Königs empfand. Was sie besonders erschütterte, war, dass der König sie jedes Mal, wenn sie sich ihm erschöpft von Weinen und Seufzen näherte, um ihm ihre reine Liebe zu bezeugen, von sich stieß und in ruhigem Ton seine Leute fragte: ‚Wer ist dieses Weib, deren Anblick mich verfolgt? Erkundet, ob sie etwas braucht, und befreit mich von ihren Nachstellungen und Belästigungen …‘"

In einigen lichten Momenten seiner geisteskranken Existenz hatte Karl wenigstens dafür gesorgt, dass Isabeau finanziell abgesichert wurde. Man übertrug ihr Schlösser, Ländereien, Städte mit allen dazugehörigen und sehr angenehmen Wegzöllen und der entsprechenden Gerichtsbarkeit. Isabeau war schlussendlich einer der größten Großgrundbesitzer Frankreichs.

All das konnte sie aber nicht darüber hinwegtrösten, dass die einstige Liebe zu ihrem Gatten an dessen Wahnsinn völlig zerstob. Zu seinen Tobsuchtsanfällen gesellte sich mit der Zeit auch noch ein Maß an Verwahrlosung, das die Grenzen alles Erträglichen deutlich sprengte. Seinem damaligen Kanzler jedenfalls verschlug es fast die Sprache: „Wenn der König aß, so schluckte er mit Wolfsgier. Man konnte ihn nicht entkleiden, er starrte vor Läusen und sonstigem Ungeziefer und Schmutz; und hatte ein kleines Stück Eisen, dass er an seiner Haut versteckte ... und sein Fleisch war verfault, und niemand wagte, sich ihm zu nähern, um ihn zu reinigen ... Es war ein jämmerlicher Anblick, denn sein Leib war von Läusen zerfressen ...“

Von 1394 an war das eheliche Miteinander angesichts der sich verschlimmernden Zustände beinahe zum Erliegen gekommen. Aber eben nur beinahe. Es ging noch darum, die Thronfolge zu sichern. Also führte man in den Momenten relativer geistiger Klarheit Isabeau dem König zu. Sie musste schon ein gerüttelt Maß Staatsraison empfunden haben, um diese liederliche Prozedur der Fortpflanzung über sich ergehen zu lassen. Zumal man nicht glauben durfte, dass die Sinnenlust des Königs mit zunehmendem Wahnsinn und voranschreitender Verwahrlosung nachgelassen hätte. Das Gegenteil war der Fall. Bis er schließlich 1422 starb.

Politisch versuchte sich seine Frau in den innenpolitischen Machtkämpfen zwischen dem Haus Orleans und dem Haus Burgund irgendwie zu behaupten. Später waren es die Armagnacs, die gegen das Haus Burgund antraten, das wiederum mit den Engländern gemeinsame Sache machte. Als Hundertjährigen Krieg bezeichnet man dieses von Intrigen, Krieg, Mord und Totschlag geprägte Possenspiel, in dem sich die Protagonisten auch gerne schon einmal persönlich die Axt durch den Schädel zogen oder ziehen ließen. Alles in allem versuchte Isabeau zwar immer wieder zwischen den Kontrahenten zu vermitteln. Alles in allem jedoch immer erfolglos. Und wenn sie sich aus Überlebenstrieb für eine der Parteien entschied, dann setzte sie garantiert aufs falsche Pferd.

Ihre Bemühungen, im innerfranzösischen Konflikt zu vermitteln, waren derart wirkungslos, dass sie schließlich den lachenden Dritten, den englischen Heinrich V., als französischen Thronerben anerkennen musste. Heinrich war angesichts der dortigen Zustände 1415 in Frankreich einmarschiert und hatte die Franzosen bei Azincourt fürchterlich verprügelt.

Den Verrat Frankreichs an England nahm man Isabeau in Frankreich natürlich übel. Wie sie überhaupt nicht sehr beliebt war, auch und schon gar nicht im Volk. Als eine „reine maudite" empfand man sie, als eine „verfluchte Königin". Was aber nicht nur an der Kapitulation vor dem englischen Heinrich lag. Dass sie zur Kompensation all ihres Unglücks über viele Jahre hinweg dekadent verschwenderische Feste feierte und das Geld mit beiden Händen zum Fenster hinauswarf, während Frankreich unterging und das Volk hungerte, das nahm ihr eben dieses Volk krumm.

Ein Augustiner-Mönch hatte ihr seinerzeit die Leviten gelesen: „Die Dame Venus regiert allein an Eurem Hof. Trunkenheit und Ausschweifungen sind ihre Gefährten, die bei ausgelassenem Tanz die Nacht zum Tage machen. Dieses höllische Gefolge verdirbt die Sitten und verletzt die Herzen. Wisset, noble Königin, dass man über diese Zustände und vieles mehr spricht."

Die letzten vierzehn Jahre ihres Lebens jedoch waren alles andere als vergnüglich. Die Gicht zwang sie in den Rollstuhl, weitere Krankheiten und nicht zuletzt eine enorme Leibesfülle zehrten an ihrer Lebenskraft. Sie hatte wohl zu häufig und zu tief in die prall gefüllten Desserttöpfe gelangt.

Vereinsamt und verarmt – ihre Ländereien waren dem Bürgerkrieg zum Opfer gefallen – starb Isabeau von Bayern 1435 in Paris. Die Nachricht vom Ausgleich der französischen Bürgerkriegsparteien und die damit einhergehende Isolierung Englands hatte sie noch auf dem Totenbett erreicht. Sie sei aus Freude über diese Nachricht dahingeschieden, behauptete ein Chronist.

Ein geisteskranker Gatte, Throngerangel, Krieg, Trunkenheit und Gicht – keine wirklich gute Bilanz. Doch dass sie die Bayerische Creme an den französischen Hof gebracht oder gar selbst erfunden hat, das ist aller Ehren wert. Denn von hier aus konnte sich diese delikate Süßspeise über die Jahrhunderte hinweg auf so ziemlich alle Kontinente ausbreiten. Was zur Folge hatte, dass der bisher auf internationalem Parkett entwickelte Variantenreichtum dieses wohl einzigartigen Beitrags Bayerns zur kulinarischen Hochkultur dementsprechend gewaltig ist.

Also denken wir das nächste Mal an Elisabeth, wenn wir unseren Löffel in eine der besseren Varianten versenken.

Bayerische Creme

Für 4 Personen

2 Blatt Gelatine
2 Vanilleschoten
3 Eigelb
70 g Puderzucker
300 g Sahne
2 EL Kirschwasser

Für die Fruchtsauce:
200 g tiefgekühlte
   oder frische Himbeeren
1 EL Zitronensaft
2 EL Puderzucker

Gelatine in kaltem Wasser einweichen, Mark aus den Vanilleschoten kratzen. Die Eigelbe mit dem Puderzucker und dem Mark der Vanilleschoten mit dem Handmixer zu einer schaumigen Masse schlagen. Die Sahne ebenfalls cremig schlagen.

Kirschwasser erwärmen, vom Herd nehmen und die ausgedrückte Gelatine im Kirschwasser auflösen, anschließend in die Eigelbmasse einrühren. Circa die Hälfte der Sahne mit dem Schneebesen unter die Eigelbmasse rühren, den Rest der Sahne mit einem Teigschaber oder einem Rührlöffel sorgsam unterheben.

Die Creme in Portionsförmchen füllen und im Kühlschrank mindestens 2 Stunden fest werden lassen. Zum Anrichten die Förmchen kurz in heißes Wasser stellen, dann auf Dessertteller stürzen.

Für die Fruchtsauce die Himbeeren mit dem Zitronensaft und dem Puderzucker pürieren, die Sauce über und um die Creme herum träufeln.

Anmerkung: Aromatisieren kann man die Creme natürlich auch mit anderen geist-reichen Getränken. Und kombinieren kann man die Eiercreme mit so ziemlich jeder pürierbaren Obstsorte. Man kann die Fruchtsauce vor dem Kaltstellen auch unter die Creme heben, dann allerdings sollte man 3 Blatt Gelatine verwenden.

Tipp: Eine Bayerische Creme für ein Candle-Light-Dinner, also für nur zwei Perso-nen herzustellen, ist angesichts der Zubereitung nicht wirklich praktikabel. Also ent-weder langen Sie wie dereinst die bayerische Elisabeth und ihr Karl tief in die Schüssel oder Sie genießen die Creme, ebenfalls wie Karl und Elisabeth, in größerer Runde.

Festivitäten zum Einzug der Elisabeth von Bayern in Paris. Französische Buchmalerei, um 1389

Fêtes et tournoi en l'honneur d'Isabeau de Bavière,

Edward VII.
und eine Schönheit
namens Suzette

EIN UNFALL UND EIN SCHÖNES MÄDCHEN ALS
GEBURTSHELFER EINES NACHTISCH-KLASSIKERS

Was war das für ein verzogenes Früchtchen! Hoffnungsloser Fall.

Da half die ganze Sittenstrenge der tonangebenden Mutter nichts. Mit der Sturheit des Knaben konfrontiert, löste sich auch der heiligste Gewitterzorn des pingeligen und prüden Vaters in mickrige Wölkchen auf. Da zerschellten alle Bemühungen der Lehrer. Der Junge hatte einfach keine Lust. Keine Lust zu lernen, keine Lust zu lesen. Keine Lust zu rechnen. Keine Lust auf Disziplin.

Albert Eduard von Sachsen-Coburg-Gotha (1841–1910), Sprössling des englischen Königshauses, erwies sich schon früh als sperrig und eigenwillig. Und je älter er wurde, desto mehr wurde offenbar, dass sich der Thronprätendent offenkundig entschieden hatte, der spröden Entsagungsethik seines Elternhauses Lebewohl zu sagen und stattdessen auf der Sonnenseite des Lebens zu lustwandeln. Wohlleben wurde seine Leidenschaft. Hedonismus sein Credo.

Und damit hätte er sich nicht brutaler von seinen Eltern abgrenzen können. Seine Mutter war niemand Geringeres als die große Victoria I. (1819–1901), die dreiundsechzig Jahre regierte, und damit länger als jeder andere britische Monarch. Und nach der man eine ganze Epoche benannte: das Viktorianische Zeitalter. Für Großbritannien eine ungemein erfolgreiche Wegstrecke, auf der man den technischen Fortschritt massiv vorantrieb, großen Reichtum erwirtschaftete und das Britische Empire aggressiv ausbaute und konsolidierte.

Mit all diesen glorreichen Errungenschaften unter der Regentschaft seiner Mutter wuchs der Junge wie selbstverständlich auf. Mamas Zeitalter war aber nicht nur glänzend glorreich, sondern auch geprägt von religiös durchwirkter puritanischer Sittenstrenge, von einem Zerfall der Gesellschaft in Reich und Arm sowie von muffigen kleinbürgerlichen Moralvorstellungen. So was provoziert! „Bertie", wie der Thronprätendent zu Hause bei Königs auch gerufen wurde, entschied sich, wie gesagt, der Sittenstrenge der Epoche die heitere Fludrigkeit eines Bonvivants und Salonlöwen entgegenzusetzen. Er gedachte fortan die Leichtigkeit des Seins zu genießen.

Gelegenheit dazu erhielt er genug. Nachdem sein Vater 1861 mit nur zweiundvierzig Jahren gestorben war, mied seine Mutter zunehmend das gesellschaftliche Parkett und zog sich aus der Öffentlichkeit als trauernde Einsiedlerin zurück. Bertie übernahm daraufhin mit seiner 1863 geehelichten Gattin Alexandra von Dänemark die offiziellen gesellschaftlichen Auftritte – auch und vor allem im Ausland. Und da gab's genug Gelegenheit für Vergnügungen jedweder Art. An eine Thronbesteigung war im Moment eh nicht zu denken. Das traute ihm die eigene Mutter nicht zu.

Es dauerte nicht lange, da war Prinz Albert allüberall dafür bekannt, das Leben in vollen Zügen zu genießen, kein Glas Champagner stehen zu lassen. Der Thronfolger galt als vergnügungsprofessioneller Schönling, der durch die High Society zog, legendäre Partys schmiss und dessen Pferde die berühmtesten Rennen gewannen.

Kein Wunder, dass Bertie mit einem solchen Verhalten stilbildende Spuren hinterließ. In der Mode sogar bis heute. So soll er es gewesen sein, der als Erster – und damit trendsetzend – den unteren Knopf der Weste geöffnet habe. Was man heutzutage als distinguierten Gestus betrachtet, den jeder beherrschen sollte, der sich einen Dreiteiler anlegt, war seinerzeit allein eine Verzweiflungstat, weil der pralle Prinzenbauch zwackte. Es zwackte Seine Majestät hin und wieder aber auch noch im Bund. So ließ er sich Falten in die Hosen einnähen und gilt damit als Erfinder der Bundfaltenhose, ebenso wie er als Erfinder des Hosenumschlags gilt, weil er sich beim Waten durch Matsch die Hosenbeine hochkrempelte. Selbst die Bügelfalte soll die Menschheit dem britischen Luxustiger verdanken.

Berti war mit seinem Verhalten aber keineswegs ein einsamer Solist. Er galt vielmehr als eine Art adliges Vorbild für die in jener Zeit aufstrebende und von Soziologen als

Der Bonvivant und ewige Thronanwärter Edward gab im In- und Ausland immer wieder Anlass zur Karikatur:

mit seiner dünnen Gattin Alexandra

aus französischer Sicht: das Hinterteil Britanniens

L'Impudique Albion

in Fassform

S. M. ÉDOUARD VII, Roi d'Angleterre, Empereur des Indes

Le Foudre de Guerre

„Leisure Class" bezeichnete bürgerliche Freizeitklasse. Die hatte sich den Luxus, völlig unproduktiv zu leben, weil man sich das leisten konnte, zum Lebensmotto gewählt. Zu diesem Leben gehörte natürlich auch ein ausschweifendes Liebesleben. Und auch auf diesem Betätigungsfeld eilte dem Prinzen der Ruf voraus, besonders rührig zu sein und so ziemlich allem Weiblichen nachzustellen, was nicht bei drei auf den Bäumen saß.

Seine beiden berühmtesten Liebschaften waren Lillie Langtry und Alice Keppel. Lillie Langtry war eine besonders begabte und sehr erfolgreiche Schauspielerin, verheiratet, bildhübsch und nicht auf den Mund gefallen. Ihre Affäre mit dem ebenfalls verheirateten Prinzen dauerte von 1877 bis 1880. Lillie verpulverte Unmengen an Geld in das von ihr durchgestylte gemeinsame Refugium in Bournemouth, was den Prinzen seinerzeit veranlasste zu bemerken, dass er in sie so viel Geld investiert habe, dass er davon ein Kriegsschiff hätte bauen können. Woraufhin sie schlagfertig konterte, es sei doch wohl eher so, dass er zu seinem ganz speziellen Vergnügen so viel in sie „investiert" habe, dass man damit ein solches hätte fluten und versenken können.

Bertie konnte als Edward VII. 1901 nach dem Tod seiner Mutter schließlich doch noch den Thron besteigen. Alice Keppel war seine letzte Geliebte. Eine bildschöne Schottin, die auch nach der Thronbesteigung bis zu seinem Tod 1910 an seiner Seite blieb. Auch sie war verheiratet. Dafür, dass ihr Mann stillhielt und den Prinzen gelassen ertrug, zeichnete Bertie ihn später mit dem Viktoria-Orden aus. Selbst in seiner letzten Stunde am Sterbebett war seine Geliebte anwesend. Nachdem Bertie in ihrem Beisein den letzten Atemzug getan hatte, ließ Edwards Frau die Mätresse ihres Mannes allerdings unverzüglich entfernen. Es gibt Grenzen. Alice Keppel war übrigens die Urgroßmutter von Camilla Parker Bowles.

Es sollte in Kenntnis des Gemüts von Bertie also nicht weiter verwundern, dass er im Jahr 1895 nicht allein das Café de Paris in Monte Carlo betrat. Begleitet wurde er wohl von einer ganzen Entourage, bestehend aus einem guten Dutzend nobler Herren sowie einer jungen, hübschen Dame. Prinz Bertie und seine Gefolgschaft waren hierhergekommen, um sich prächtig zu amüsieren. Die Stimmung war dementsprechend ausgelassen.

Was man von der Stimmung in der Küche nicht unbedingt behaupten konnte. Hier liefen die Herdplatten heiß, um den als Lebemann bekannten Prinzen kulinarisch zufriedenzustellen. Für das Dessert hatte man den vierzehnjährigen, noch in der Ausbildung befindlichen Henri Charpentier abkommandiert. Und der erinnerte sich der nun folgenden Ereignisse genauestens.

Charpentier war gerade dabei, die bestellten Crêpes zuzubereiten. Versehentlich entzündeten sich jedoch die zur Aromatisierung über den Nachtisch gegossenen Alkoholika. Mit einem Schlag brannte der Teller lichterloh. Charpentier verfiel in Panik! Quel malheur! Und das heute, an diesem Tag! Ein neues Dessert anzusetzen, hätte geheißen, das königliche Geblüt warten zu lassen. Unmöglich!

Charpentier verschwendete bereits erste Gedanken an ein suizidales Ende seines jungen Lebens, probierte zuvor aber vorsichtshalber das Ergebnis seines Missgeschicks – und stellte zu seiner Begeisterung fest, dass sich die flüssigen Ingredienzien durch den Flammenzauber zu einer köstlichen Melodie an Aromen, zu hinreißenden Geschmacksharmonien verbunden hatten. Also, das sollte wohl auch Seiner Majestät schmecken. Nichts wie raus damit und auf den Tisch der noblen Gesellschaft.

Es kam, wie es kommen musste: „Bertie" zeigte sich begeistert, ließ sich zum Schluss gar einen Löffel reichen, um die im Teller verbliebenen Reste des Sirups aufnehmen zu können. Als Charpentier an den Tisch kam, fragte der Prinz nach dem Namen der gerade verzehrten Köstlichkeit. Charpentier glaubte dem berühmten Mann seine Ehre erweisen zu müssen und antwortete, dass man fortan das gelungene Küchenmalheur als „Crêpes princesse" bezeichnen solle. Das war ein netter Versuch, und Bertie verstand die Ehrerbietung durchaus, wenngleich sie ein wenig missglückt schien, denn das bestimmende Geschlecht der femininen Crêpe machte auch den Beinamen, also den eigentlich männlichen Prinzen, zur weiblichen Princesse.

Und Bertie war zudem viel zu sehr Gentleman, um nicht sofort zu erkennen, dass die Ehre allein einer Person am Tisch gebührte, nämlich der einzigen anwesenden Lady. Ob denn der Herr Charpentier etwas dagegen habe, wenn man den Nachtisch nach dieser Lady „Crêpes Suzette" benennen würde. Die frischgebackene Pfannkuchen-Prinzessin lief vor Scham rot an, stand verschüchtert auf, spreizte mit ihren Händen ihre Bluse und machte einen ordentlichen Knicks, wie es sich in Anwesenheit von Mitgliedern königlichen Geschlechts gehört.

So soll es sich zugetragen haben. So sollen die berühmten Crêpes Suzette entstanden sein. Das hatte Henri Charpentier (1880–1961) jedenfalls so in seinen Memoiren „Life à la Henri – Being the Memories of Henri Charpentier" 1934 zu Papier gebracht (1991 neu aufgelegt). Und diese Geschichte zu bezweifeln, würde bedeuten, einen der bekanntesten Küchenmeister des 20. Jahrhunderts der Lüge zu zeihen. Charpentier

Edward und die Frauen: die Königsmätressen Lillie Langtry, 1887, und Alice Keppel, 1908

arbeitete späterhin schließlich in den bekanntesten Häusern Europas, im „Savoy" in London, im „Maxim's" und „Tour d'Argent" in Paris, im „Metropol" in Moskau, im „Vier Jahreszeiten" in München. Anfang des 20. Jahrhunderts ging er schließlich nach Amerika und kochte in seinen Restaurants für die bekanntesten Persönlichkeiten aus Politik, Business und Unterhaltung.

Allein über die Herkunft und die Zugehörigkeit der jungen Lady streitet man bis heute. Allem Anschein nach hieß sie Suzette. Manieren hatte sie und recht hübsch soll sie gewesen sein. Und dass sie eine Geliebte des Prinzen gewesen sei, scheint eine nur allzu schlüssige Spekulation. Aber es ist eine Spekulation, durch keine Zeugenaussage erhärtet.

Doch gleichgültig, ob sie nun eine der Gespielinnen des damaligen Prinzen war oder nicht. Uns Nachgeborenen soll die durchaus sympathische Vorstellung reichen, dass eine so köstliche Süßspeise von einem Prinzen einer jungen hübschen Dame gewidmet wurde. Es gibt schlechtere Möglichkeiten, sich als ein galanter Gentleman zu erweisen.

Crêpe Suzette

Für 2 Personen

2 Eier

125 ml Milch

50 g Mehl

Salz

1 Msp. geriebene Orangenschale (unbehandelt)

30 g Butter (flüssig)

Butter zum Backen

2 Saftorangen

1 Orange

1 TL Puderzucker

1 Msp. Vanillemark

1 EL Zucker

2 EL sehr kalte Butter

1 EL Orangenlikör (z. B. Grand Marnier oder Cointreau)

2–4 EL Cognac (mind. 40 Vol.-% Alkohol)

Eier, Milch, Mehl, eine Prise Salz, Orangenschale und flüssige Butter mit einem Handmixer zu einem glatten Teig verrühren (ggf. durch ein Sieb streichen), dann 30 Minuten ruhen lassen.

Die Saftorangen auspressen. Die Orange mit einem scharfen Messer schälen, d. h., auch die weiße Haut sauber wegschneiden. Die Orangenfilets aus der Haut schneiden, den austretenden Saft auffangen und zum Saft der Saftorangen geben.

Backofen auf 80 °C vorheizen. Etwas Butter in einer beschichteten Pfanne (20 cm Durchmesser) erhitzen und aus dem Teig nacheinander 4 dünne Crêpes backen, zu Vierteln zusammenklappen und im Ofen warm halten.

Den Puderzucker in einer großen und hohen Pfanne karamellisieren, mit dem Orangensaft ablöschen, Vanillemark und Zucker dazugeben und den Saft bei milder Hitze auf zwei Drittel einkochen lassen. Dann die kalte Butter in Flöckchen unterrühren, die Orangenfilets und den Orangenlikör dazugeben. Alles kurz erhitzen.

Die Crêpes in den Orangensud in die Pfanne legen, Cognac darübergießen und mit einem Streichholz entflammen. Direkt nach dem Erlöschen der Flamme die Crêpes auf vorgewärmte Teller geben und mit der Orangensauce übergießen.

„Café de Paris" in Monte Carlo, um 1920

Die berühmteste Persönlichkeit von Orléans: Jeanne d'Arc. Lithografie, 19. Jahrhundert

Die Geschwister Tatin

EINE NACHSPEISE ALS FOLGE
EROTISCHER VERWIRRUNGEN

In dieser Region Frankreichs wurde Geschichte geschrieben!

In Orléans, dem strategisch wichtigsten Übergang über die Loire, konnte eine siebzehn-jährige Jungfrau im Jahr 1429 einen historischen Sieg über die Engländer feiern. Die hatten sich nämlich im Hundertjährigen Krieg doch tatsächlich anheischig gemacht, das Königreich Frankreich zu erobern. Und das sehr erfolgreich. Da konnte man nur noch auf Gott hoffen. Genau das tat eben jene Jungfrau – und zwar inbrünstig.

Johanna von Orléans (in Frankreich Jeanne d'Arc, ca. 1412–1431), eine Bauern-tochter, der mit dreizehn Jahren angeblich allerlei Heilige erschienen waren, feuerte die französischen Truppen jedenfalls mit einem derartigen Furor gegen die Engländer an, dass er in der Tat allein auf Gottvertrauen ruhen konnte. Auf nichts sonst. Dass sie als Frau, als pubertierende Jungfrau zumal, Schlachten würde entscheiden können, widersprach jedenfalls aller militärischen Erfahrung. Johanna konnte aber. Und sie wurde damit zu einer Ikone der französischen Nationalidentität, deren Insignien auch die Franzosen gerne auf Schlachtfeldern sammeln.

Der zweite Sieg, der in dieser Region errungen wurde, war eigentlich eine Nie-derlage. Aber er wurde auf einem für Frankreichs Ruhm und Ehre viel wichtigeren Schlachtfeld erlangt: in der Küche! Ungefähr 36 Kilometer südlich von Orléans, in Lamotte-Beuvron, einem kleinen Kaff in der Region Sologne, wurde im 19. Jahr-hundert eine der einfachsten, zugleich aber köstlichsten Nachspeisen erfunden, die in Frankreich heute zum Standardrepertoire in jeder Küche gehört. Dabei handelt es sich um eine ganz einfache Apfeltorte (französisch: tarte), bestehend aus Äpfeln, Butter, Zucker, Mehl, einem Ei und einer Prise Salz.

Nicht wirklich aufregend, die Zutatenliste. Doch der geschmacksbildende Clou dieser Tarte besteht in der Art der Zubereitung. Und die wiederum war das Ergebnis einer – jedenfalls küchentechnisch gesehen – grandiosen Niederlage, einer furchtbaren Fehlleistung, einer entschuldbaren Fehlleistung allerdings. Denn sie war einem Um-stand geschuldet, der ebenso delikat war wie das Ergebnis: Es war wohl – wir befinden uns in Frankreich! – *l'amour* gewesen, es waren die Pfeile des Amor, die, wie meistens, so auch an jenem denkwürdigen Abend auf ganzer Linie für Verwirrung sorgten.

Beteiligt waren zwei Damen, die in Lamotte-Beuvron und weit darüber hinaus bekannt waren. Sie betrieben hier in diesem kleinen Örtchen östlich der Loire ein hübsches kleines Hotel, das sie 1888 von ihrem Vater, Jean Tatin, geerbt hatten. Der hatte sein gegenüber dem Bahnhof gelegenes Haus in ein Hotel umbauen lassen, nachdem der 1851 zum „Prince-Président" ausgerufene spätere Napoleon III. das nahe gelegene Château de St. Maurice zu einem landwirtschaftlichen Musterbetrieb für die Region Sologne hatte ausbauen lassen.

Die Entscheidung des späteren Kaisers hatte für das kleine Dorf durchaus Bedeutung, versprach sie doch wenigstens eine sanfte Belebung des Fremdenverkehrs. Bis dahin war Lamotte-Beuvron einfach nur ein provinzielles Kaff gewesen, gelegen in einer Region mit saftigen Wiesen, Auen und kleinen Weihern. Recht romantisch, aber eben nix los. Einfach nur viel Gegend. Vor allem Wald. Wer kam schon hierher? Eigentlich nur Jäger. Aus dem ca. 170 Kilometer entfernten Paris fanden sie sich hier regelmäßig zur Jagdsaison ein, um in der Sologne ihrer Leidenschaft zu frönen. Aber sonst? Tote Hose.

Nun denn, wenngleich der Ort nicht gerade vom Massentourismus überrollt wurde, die Jäger blieben Lamotte-Beuvron treu. Besonders gerne übernachteten sie bei den Geschwistern Tatin. Und zwar aus zweierlei Gründen: Erstens konnte man hier im Hotel Tatin fernab der Pariser Häuslichkeit und fernab der dort weilenden Gemahlin Dingen nachgehen, die in Paris unter den Augen der treuen Gemahlin so nicht möglich gewesen wären. Zweitens war das Hotel Tatin seinerzeit schon berühmt für eine besonders leckere, knusprige Apfeltarte. Beiden Vergnügungen sprach man nach Halali und gelegter Strecke bei Caroline und Stephanie im Hotel Tatin mit Leidenschaft zu.

Die beiden Schwestern hätten unterschiedlicher nicht sein können. Caroline, die jüngere von beiden, war galant und zugänglich, hatte Witz und Esprit und wurde „die kleine Prinzessin von Sologne" genannt. Sie kümmerte sich vorzugsweise um die Betreuung der Hotelgäste. Ihre freundliche und gradlinige Art und ihr in vieler Hinsicht kenntnisreiches

Sanften Aufschwung für die Region und das Hotel Tatin brachte ein landwirtschaftlicher Musterbetrieb, den der spätere Napoleon III. einrichtete. Stahlstich von Albert Henry Payne, um 1850

Auftreten veranlassten sogar so manchen Hotelgast, sich auch beruflichen Ratschlag bei Caroline einzuholen.

Ihre etwas ältere Schwester Stephanie war vom Wesen ein wenig verschlossener, nicht gar so offenherzig. Sie stand vorzugsweise in der Küche, und zwar vom frühen Morgen bis spät in die Nacht. Und sorgte dafür, dass unter anderem jene beliebte knusprige Apfeltorte nur in gewohnter Qualität die Küche verließ.

Irgendwann gegen Ende des 19. Jahrhunderts war das Hotel wieder einmal belegt mit Jägern aus Paris. Doch an diesem denkwürdigen Abend gaben sich einige der Grünröcke die Ehre, die beiden nicht mehr ganz so jungen Demoiselles Tatin mit besonders heftigem Charmieren zu umschmeicheln. Was den beiden Damen wohl gefallen haben mag.

Da wurde gefachsimpelt über das Jagdglück des Tages, über die Husarenstücke der Lodenhelden, im schönsten Jägerlatein: „Schaun Sie mal, gnädige Frau, sooo lang war das Geweih des Zwölfenders." „Ach was, und Sie sind sich sicher, dass es nicht vielleicht doch ein Elch war?" „Nein, nein, es war ein kapitaler Hirsch! Und der Bock erst, was für ein strammer Bursche. Und was für einen herrlichen Pinsel der hatte! Da

Stimmungsvolle Landschaft: die Sologne

macht es doch Freude, aufs Blatt zu springen! Ich weiß, wovon ich spreche, Mademoiselle!" „Pinsel? Monsieur! Mon dieu! Sie treiben mir die Röte in die Wangen! Reden wir jetzt tatsächlich über das, was ich glaube, worüber wir reden?" „Mademoiselle, wie könnte ich es wagen, Sie in Verlegenheit zu bringen. Doch auch ich bin noch ein Bock, ein strammer, trotz meiner grauen Schläfen. Glauben Sie mir. Auch ich weiß wohl noch einen ganzen Sprung zu beschlagen! Am Pinsel soll's gewiss nicht liegen ...!" „Na, Sie sind mir ja ein ... ein wahrer Platzbock, Sie!" Und so ging es weiter.

Stephanie erwies sich von den Zweideutigkeiten und den anschließenden amourösen Nachstellungen offenkundig besonders verwirrt, was damit zusammengehangen haben mag, dass sie als die sprödere der beiden Schwestern von solchen Nachstellungen nicht gar so häufig behelligt wurde. Jedenfalls beging sie, als einer der Pariser Grünröcke sie um ihre berühmte Apfeltarte bat, in der Küche trotz aller Routine einen verhängnisvollen Fehler: Entgegen aller Gewohnheit und aller Regeln der Kochkunst legte sie die Äpfel für ihre beliebte Nachspeise ohne jeden Teig in die Form und schob selbige in den Ofen.

Nach kurzer Zeit entströmte dem weißblauen Herd, den man noch heute im Hotel Tatin bewundern kann, ein herrlicher Duft von karamellisierten Äpfeln. Doch es waren Äpfel ohne Teig. Als Stephanie die Form aus dem Ofen holte, erblasste sie vor Schreck. Doch in der Sologne neigt man nicht zu langem Hadern. Kurz entschlossen nahm Stephanie einfach ein Stück des fertigen, aber vergessenen Mürbeteigs, rollte ihn aus, legte ihn über die karamellisierten Äpfel und schob die Form zurück in den Ofen. Nachdem die Tarte fertiggebacken war, stürzte sie den Inhalt auf eine Platte – et voilà, da lag sie, zur Freude aller Anwesenden: die „Tarte des demoiselles Tatin".

Die misslungene Tarte gelangte zu einiger Berühmtheit. Und so verwundert es nicht, dass nicht mehr nur Jäger, sondern bald auch Prominenz aus Paris nur wegen der gestürzten Apfeltarte nach Lamotte-Beuvron kam. Die Tarte Tatin trat ihren unaufhaltsamen Siegeszug an. Bis heute liebt man sie in Frankreich (und nicht nur hier). Weil sie einfach herzustellen und eine geniale Köstlichkeit ist. Mittlerweile wird sie sogar als Tiefkühlware angeboten, weil es inzwischen selbst in Frankreich immer mehr Menschen gibt, die in Convenience Food einen Vorteil sehen. Das allerdings ist der blanke Frevel! Eine Tarte Tatin muss frisch zubereitet und warm serviert werden. Immer! Und dann klappt's auch mit dem Jäger ...

Tarte des demoiselles Tatin

Für den Teig:
250 g Mehl + Mehl für die Arbeitsplatte
125 g weiche Butter
1 Ei
1 Prise Salz
1 EL Puderzucker

Für den Belag:
150 g Butter
125 g Kristallzucker
1 kg feste säuerliche Äpfel (La Reine des Reinettes, Belle de Boskop oder süß-säuerliche Äpfel wie Elstar, Jazz, Braeburn oder auch Pink Lady)

Für den Teig das Mehl in eine Schüssel sieben, eine Mulde eindrücken, die Butter und das Ei hineingeben. Salzen, zuckern, etwa 2 EL Wasser darüberträufeln, die Zutaten mit den Fingerspitzen vermengen, aber nicht zu stark kneten. Den Teig abschließend mit dem Handballen zwei-, dreimal durchwalken, in ein Tuch oder in Klarsichtfolie einwickeln und eine gute Stunde im Kühlschrank ruhen lassen.

Den Ofen auf ca. 180 bis 200 °C erhitzen. Den Boden einer Pfanne (24 cm Durchmesser, Edelstahl oder Kupfer, beschichtete Pfanne geht aber auch) mit der Butter dick ausstreichen. Den Zucker über die Butter streuen. Die geschälten, entkernten und geviertelten Äpfel mit der runden Seite leicht in die Butter drücken. Die Pfanne bei kleiner bis mittlerer Hitze auf dem Herd 10 bis 15 Minuten erhitzen. Dann für weitere 15 Minuten in den vorgewärmten Ofen stellen, bis der Zucker karamellisiert ist (Tipp: Der austretende Saft der Äpfel muss dazu zuvor weitestgehend verdampft sein).

Den Teig zu einer Teigplatte ausrollen, die einen etwas größeren Durchmesser als die Pfanne haben sollte. Legen Sie den Teig über die Äpfel und drücken Sie ihn vorsichtig (die Pfanne ist heiß!) innen an der Form ein wenig fest. Backen Sie dann die Tarte weitere 15 bis 20 Minuten im Ofen fertig. Rausziehen, einige Minuten ruhen lassen und dann auf eine Platte stürzen (Spritzgefahr!). Die Äpfel sollten von einer ausgesprochen appetitlichen Karamellschicht überzogen sein, die aus Butter, Zucker und Apfelsaft besteht.

Gala, Ehefrau und Muse des Surrealisten Salvador Dalí

Salvador Dalí und Gala

WENN DIE MUSE SICH DEM MEISTER
ALS GEDECKTE TAFEL HINGIBT

Salvador Dalí mit blonder Perücke
bei einem Friseurbesuch in Paris, 1973

„Die meisten Maler, die nach Anerkennung streben, haben von dem Tage an Erfolg, an dem sie ein Fahrzeug guter Qualität kaufen. Aber ihr Erfolg wird noch gesteigert, wenn diesem Fahrzeug ein formvollendeter Chauffeur hinzuerworben werden kann.

„Savador Dalí, Monarchist und Anarchist,
folglich Gegner der Konsumgesellschaft,
ist natürlich gegen mechanische Fahrzeuge,
denen er einen Triumphwagen vorgezogen hat
und statt eines Chauffeurs: eine Königin GALA."

So schrieb der Großmeister des Surrealismus, der große Salvador Dalí (1904 bis 1989), noch 1970 über sich – bezeichnenderweise in der dritten Person – und seine Gala (ca. 1894 – 1982). Da war er bereits vierzig Jahre mit der zehn Jahre älteren Exilrussin Jelena Dmitrijewna Djakonowa, genannt Gala, zusammen. Glückliche Gala! Nach vierzig Jahren noch eine solche Huldigung. Und das war kein billiger PR-Gag. Gala war in der Tat zeitlebens so etwas wie eine Königin für Dalí. Sie war seine Muse, seine Geliebte, seine Sexualpartnerin, seine Ehefrau, sein Modell, seine Inspiration. Und sie war die gewiefte Geschäftsführerin des Ein-Mann-Unternehmens Dalí.

Kurzum: Er vergötterte diese Frau – nicht zuletzt in ihrer Funktion als extrem erfolgreiche Managerin seines gewaltigen Bilder-Imperiums. Als solche sorgte sie nämlich für reichlich Dollars. Und Dalí liebte Dollars. Viele Dollars. Was ihn allerdings auch Freundschaften kostete. Nicht umsonst verfiel sein einstiger surrealistischer Mitstreiter André Breton auf ein böswilliges Anagramm seines Namens: „Avida Dollars", was so viel wie „Hungrig auf Dollars" bedeutet und womit er zweifelsfrei Dalís Geldgier geißelte.

Dalí war 1928 von Madrid nach Paris gekommen. In Madrid hatte man ihn zweimal von der Kunstakademie geschmissen, zuletzt, weil er sich weigerte, am Examen teilzunehmen, da er die Professoren für nicht geeignet hielt, seine Kunst zu beurteilen. In Paris traf er unter vielen anderen avantgardistischen Künstlern Picasso, Miró, Mag-

Die Surrealisten Max Morise, Simone Breton, Paul Éluard, Joseph Delteil,
Gala Éluard (damals!), Robert Desnos, André Breton und Max Ernst

ritte, Man Ray, Max Ernst und vor allem André Breton, der gemeinsam mit Max Ernst
den Surrealismus einige Jahre zuvor aus der Taufe gehoben hatte. Sigmund Freud und
seine Psychoanalyse waren das theoretische Fundament des Surrealismus. Das Ergebnis
waren Bilderwelten – in Literatur und bildender Kunst –, die sich aus dem Unbewuss-
ten, aus Rausch- und Traumerlebnissen speisten. Dalí jedoch – mehr als alle anderen
seiner Kollegen – rückte vor allem *eine* inspirative Quelle in den Vordergrund seines
künstlerischen Kosmos, als das Maß der Dinge: sich selbst, Dalí!

„Timothy Leary, der Prophet des LSD, hat gesagt:

Dalí ist der einzige Maler des LSD ohne LSD. Das ist normal für den, der mit
stärkster Leidenschaft zur Präzision die Bilder der konkreten Irrationalität festzuhalten
sucht ... Ich kann es bestimmen, Aufnahmen zu machen, nicht von äußeren Dingen,
jedoch von Visionen meines Geistes ...

Und darum, warum sollte Dalí Drogen nehmen, wenn er entdeckt hat, in welchem
Maße unsere Welt eine Welt von Halluzinierenden ist ...

Ich habe die Droge nie genommen, ich bin ja die Droge.

Ich erzähle nicht von Halluzinationen, ich rufe sie hervor.

Nehmt mich, ich bin die Droge, nehmt mich, ich bin halluzinogen."

Salvador Dalí, Porträt des Freundes Paul Éluard, 1929.
In diesem Jahr hatte Dalí auch dessen Frau Gala kennengelernt und war fasziniert …

Ganz und gar nicht halluzinogen und schon gar nicht eine Vision des Geistes, sondern sehr irdisch, sehr weiblich, anziehend und sehr begehrenswert fand Dalí seinerzeit in Paris vor allem Gala, die Ehefrau des surrealistischen Literaten Paul Éluard. Ganz bewusst legte Dalí es auf eine Beziehung zu der exaltierten Exilrussin an, die bereits mit einer kurz zuvor öffentlich gelebten Beziehung zu Max Ernst unter Beweis gestellt hatte, dass vor allem ihr dunkler Blick und ihr russischer Akzent durchaus verführerisch wirkten. Dalís Werben um Gala war schließlich erfolgreich. Nach der Scheidung Galas von Éluard konnte sie 1934 Dalí heiraten.

Mit den politisch eher revolutionär-anarchistisch ausgerichteten Surrealisten hatte Dalí alsbald einige Probleme. Man warf ihm vor allem Sympathien für den Faschismus und für Hitler vor, wogegen sich Dalí verwahrte (später warf man ihm Sympathie für das Franco-Regime vor). Zudem gedachte Breton nicht, sich den Führungsanspruch innerhalb der Künstlergruppe streitig machen zu lassen. Nach einigem Hin und Her flog Dalí aus der Gruppe raus. Was aber nicht weiter schlimm war, denn Dalí war ja Dalí! Und dessen Karriere nahm von nun an allein Gala in die Hand.

Gala, die an der Seite von Éluard in Paris noch zur exzentrischen Selbstdarstellung neigte, stellte sich fortan in den Dienst des Gesamtkunstwerks Dalí, das in erster Linie ihre Schöpfung war. Sie war seine Inspiration und seine Muse, inszenierte sich bei Bedarf als Modell in exzentrischer Aufmachung. In vielen Bildern und in unterschiedlichsten Darstellungen wurde sie von Dalí immer wieder auf der Leinwand verewigt, nackt oder als Galatea, als „Göttin Gala" oder als verkitschte „Leda Atomica".

Dalí selbst betrachtete Gala als „das Salz meines Lebens, das Härtebad meiner Persönlichkeit, mein Leuchtfeuer, meine Doppelgängerin – ICH. Fortan waren Dalí und Gala verbunden in alle Ewigkeit." Weshalb er eine Zeit lang seine Bilder sogar mit „Gala Dali" signierte. Gala war aber auch seine Managerin. Und als solche war sie sehr erfolgreich, vor allem in den USA, wohin das Ehepaar von 1940 bis 1948 emigrierte. Sie organisierte Ausstellungen, stellte den Kontakt zu den großen Museen her, und sie sorgte dafür, dass die Preise seiner Bilder in die Höhe schnellten. Und Dalí ließ kaum eine Nische der Selbstvermarktung aus. In den USA arbeitete er für berühmte Modehäuser, wirkte für Hitchcock an einem Film mit, gestaltete Plattencover, arbeitete für die berühmtesten Magazine, entwarf Schmuckstücke und Bühnenbilder und und und.

So wurde aus dem Katalanen jener weltberühmte Meister der zerfließenden Ziffernblätter und der brennenden Giraffen, der Künstlerfürst mit schrillem Outfit und Auftritt, der Scharlatan, der geniale Selbstdarsteller, der Angeber, der Paradiesvogel, der exzentrische Paranoiker. So wurde Dalí mit seinem nach oben gezwirbelten kleinen Schnurrbart zur Ikone seiner selbst.

Dalís Verehrung für Gala ist mannigfach dokumentiert. Eine der schönsten Ehrerbietungen war aber eine Publikation, die er mit immerhin siebzig Jahren 1974 unter dem Titel „Die Diners mit Gala" veröffentlichte, ein mit Illustrationen, Collagen und Abbildungen von Dalís Bildern aufwendig gestaltetes Kochbuch. Die daselbst veröffentlichten Rezepte waren angeblich von einem Meisterkoch erprobt, der es allerdings vorzog, in der Anonymität zu verharren.

Neben einigen Rezepten, die man selbst als ambitionierter Hobbykoch besser den professionellen Kollegen überlassen sollte, sind dort einige interessante Kochanweisungen zu finden, die relativ einfach nachzukochen sind und durchaus als eine raffinierte Bereicherung des häuslichen Rezepte-Kanons gelten dürften. Darunter zum Beispiel eine ausgesprochen interessante Variante eines Pürees. Sie ist nicht allein des Rezeptes wegen interessant (es handelt sich um ein Heringspüree, siehe S. 110), sondern vor allem wegen der Empfehlung des Meisters, es ihm nachzutun und dieses Püree ausschließlich in der Kniekehle der Geliebten zu servieren: „Ich esse Gala!" (Letztere Anweisung muss nicht unbedingt befolgt werden. Das Püree schmeckt auch von einem Teller. Aber eben auch aus der Kniekehle von, sagen wir ... Hannah? Oder Greta?)

Eine ausgeprägte Affinität zu Kulinarischem hatte Dalí zeitlebens gepflegt. „Der sinnliche Verstand, den ich im heiligen Tabernakel meines Gaumens trage, rät mir, auf die Nahrung große Aufmerksamkeit zu verwenden." Der Herr verstand zu genießen. Auch in seinen Bildern gibt es jede Menge kulinarische Bildgegenstände: Da geistern Spiegeleier und Brote durch den surrealen Kosmos und generieren Bildtitel wie diesen: „Mittleres französisches Brot

Salvador Dalí präsentiert ein Modell seiner berühmten zerlaufenden Uhr, 1955

Muse der Sechziger: Amanda Lear

108

mit 2 Eiern auf der Platte, ohne die Platte, zu Pferd, wobei es versucht, eine portugiesische Brotkrume zu sodomisieren." Und Gala ließ er auf einem Tisch liegend und nur mit einigen Krustentieren spärlich bedeckt zwischen zwei Kandelabern nackt posieren. Am Ende der Tafel er selbst sitzend, bereit zu eincm Fest der Sinne. Offenkundiger ist die Wechselbeziehung zwischen Eros und Essen – auch künstlerisch – kaum darstellbar.

Mit dem Eros ging es dann irgendwann in den Sechzigern bergab. Jedenfalls zwischen Gala und Dalí. Was an der Vergötterung seiner Muse und der Gefolgschaft Galas nichts änderte. An die Stelle Galas als Muse und exotische Begleiterin bei öffentlichen Auftritten rückte Amanda Lear, Model und Popsängerin mit vermutlich transsexuellem Hintergrund. Gala hingegen zog sich aus der Öffentlichkeit zurück in ein altes Schloss, das Dalí ihr unweit ihres Hauses in Spanien, wo sie seit der Rückkehr aus den USA lebten, gekauft hatte.

Irgendwann zog dann auch Amanda Lear weiter und widmete sich ihrer eigenen Karriere als Sängerin. 1975 erkrankte Dalí. Gala kam zurück und pflegte den Meister, bis sie selbst nach mehreren Stürzen zu einem Pflegefall wurde. 1982 starb die bettlägerige Muse neben dem schlafenden Dalí in ihrem gemeinsamen spanischen Haus in Portlligat.

Dalí, der seit 1981 an der Parkinson-Krankheit litt, zog sich daraufhin in das Schloss zurück, das er Gala geschenkt hatte. Arbeiten konnte er wegen des starken Tremors nicht mehr. 1984 erlitt er schwere Verbrennungen bei einem Brand, der durch einen Kurzschluss verursacht worden war. 1989 schließlich starb Dalí an Herzversagen.

„Die Diners mit Gala", die kulinarische Ode an Dalís Muse, sind schon lange vergriffen. Mit ein wenig Glück findet man bei einem Antiquar noch ein Exemplar. Bis dahin hilft Ihnen vielleicht zu gegebenem Anlass das Rezept von Dalís Heringspüree. Wie und wo Sie es servieren, bleibt ja Ihnen überlassen. Mehr als anregen kann auch der große Dalí nicht.

Dalís Heringspüree

Für 2 Personen

¼ l trockener Weißwein	3 schöne Kartoffeln
2 EL Weinessig	3 frische Heringe
½ Tasse Bouillon	1 ½ EL Crème fraîche
1 Fingerspitze Thymian	1 ½ EL Mayonnaise
1 Lorbeerblatt	Cayennepfeffer, etwas Safran, Salz
1 große Zwiebel	

In einer großen Kasserolle Wein, Essig, Bouillon, Thymian und Lorbeer verrühren. Geschälte Zwiebel und Kartoffeln vierteln. Alles miteinander vermischen, wenig salzen, pfeffern und etwa 30 Minuten lang in der Brühe kochen.

Inzwischen die Heringe aufschneiden und säubern. Die gegarten Kartoffel- und Zwiebelviertel aus der Brühe fischen, beiseitestellen und die Heringe in die Brühe geben. Darin 20 Minuten bei kleinster Hitze ziehen lassen.

Kartoffeln und Zwiebeln im Mixer pürieren, ebenso die gegarten, entgräteten Heringe. Die Masse mit Crème fraîche und Brühe – so viel wie nötig – zu einem geschmeidigen Püree verrühren. Eine Glasform ölen, das Püree einfüllen und in den Kühlschrank stellen. Die Mayonnaise mit etwas Crème fraîche und reichlich Cayennepfeffer und Safran vermischen.

Falls „Ihre Gala" es gestattet, wird das Püree mit weichem Weißbrot aus ihrer Kniekehle gegessen. Die Mayonnaise häppchenweise mit einem Elfenbeinlöffel portionieren.

Für schlichtere Mahlzeiten die Mayonnaise zusammen mit dem Heringspüree auf einer großen Servierplatte anrichten.

London, 1951: Der Meister diskutiert sein Gemälde *Die Madonna von Port Lligat* mit seinem Lieblingsmodell.

Weiterführende Literatur

Bertschi, Hannes; Reckewitz, Marcus: *Champagner, Trüffel und Tatar. Neue kuriose Geschichten aus der Welt der Speisen und Getränke*, Berlin 2004

Bertschi, Hannes; Reckewitz, Marcus: *Safran, Sushi und Prosecco*, Frankfurt a. M. 2007

Bertschi, Hannes; Reckewitz, Marcus: *Von Absinth bis Zabaione. Wie Speisen und Getränke zu ihrem Namen kamen und andere kuriose Geschichten*, Berlin 2002

Brook-Sheperd, Gordon: *Edward VII. Ein europäischer Herrscher*, München 1987

Budden, Julian: *Verdi. Leben und Werk*, Stuttgart 2000

Casanova, Giacomo: *Geschichte meines Lebens in zwölf Bänden*, Köln 1983–1988

Charpentier, Henri: *Life à la Henri, Being the Memories of Henri Charpentier*, Modern Library 2001

Dalí, Salvador: *Dalí über Dalí*, Frankfurt 1970

Dalí, Salvador: *Die Diners mit Gala*, Berlin 1974

Fabius, Fred: *Madame de Pompadour, des Königs Geliebte*, München 1981

Friedell, Egon: *Kulturgeschichte der Neuzeit*, München 1979

Genzmer, Herbert: *Dalí und Gala. Der Maler und die Muse*, Reinbek 1998

Haslip, Joan: *Madame Dubarry*, Köln 1994

Markale, Jean: *Isabeau de Baviere*, München 1997

Probst, Ernst: *Superfrauen 1 – Geschichte*, München/Ravensburg 2008

Schultz, Uwe: *Speisen, Schlemmen, Fasten*, Frankfurt a. M. 1995

Sinoué, Gilbert: *Emma. Das Leben der Lady Hamilton*, München 2005

Tobben, Irene: *Ich wollte eine neue Frau werden. Giuseppa Strepponi, Verdis Frau. Ein Lebensbild*, Berlin 2003

Uecker, Wolf: *Das Püree in der Kniekehle der Geliebten*, Frechen o. J.

Unterreiner, Katrin: *Sisi. Mythos und Wahrheit*, München 2005

Witt, Jann M.: *Horatio Nelson – Triumph und Tragik eines Seehelden*, Hamburg 2005